現行商法實用

平川橋太郎編纂

明治廿八年發行

現行商法實用

日本立法資料全集　別巻
1171

信山社

平川橘太郎編纂

現行商法實用

東京　報行社

凡例

一本書ハ商法中實施ニ係ル會社、手形及ヒ破産ノ三法ニ付キ實施後今日マテニ該法施行ノ上ニ於テ實際裁判所又ハ登記所等ニ於テ其取扱上又ハ法律ノ解釋上生シタル疑義及ヒ其疑義ニ對スル意見ヲ各關係ノ條項ニ挿入シ一ハ疑義ニ係ル條項ノ精神ヲ明カナラシメ一ハ全國各裁判所又ハ登記所ノ取扱振ヲシテ一定ナラシメンカ爲メ此著ヲ爲スニ至ル故ニ其記スル所ハ敢テ吐撰ナル一已ノ意見ニアラサレハ實際職ニ當行スルニ際シ本書ヲ標準トスルニ於テハ其過衍ナキハ著者カ確ク保障スル所ナリ

一又本書中大審院判決例ヲ拔抄シ掲載シタルモ畢竟前項ノ趣旨ニ外ナラス

一本書中ニ記載スル疑義(質疑)及ヒ意見(決答)ハ捜索ニ便ナラシムル爲メ卷首ニ其摘要ヲ掲ケ其下ニ挿入シタル條項及ヒ記載シタル頁數ヲ掲ク

明治廿八年三月

著者誌

現行商法目錄

第十一章　支拂猶豫　（自第千五十九條 至第千六十四條）

二六九丁

○

○商法施行條例　二七五丁

○商法ニ從ヒ破産ノ宣告ヲ受ケタル者ニ關スル件（明治二十三年十月八日法律第百一號）　二九三丁

○商法第二百六條ニ依リ發行スヘキ債劵ニ關スル件（明治二十三年八月八日法律第六十號）　二九四丁

○株式會社債劵ニ關スル細則（明治二十六年七月七日農商務省令第十二號）　二九七丁

○商事非訟事件印紙法（明治二十三年八月十五日法律第六十六號）　三〇二丁

○商業及船舶ノ登記ニ關スル手數料竝追加

（明治二十三年七月十六日勅令第百三十三號並ニ同法追加改正）　三〇六丁

○商法ノ規定ニ依リ商業及ヒ船舶ノ登記公告ニ關スル取扱規則
（明治二十三年十月二十九日司法省令第八號並ニ同規則追加改正）　三〇九丁

○官廳ノ許可ヲ受クヘキ營業ヲ爲サントスル株式會社發起認可ノ申請書ニ添ヘ提出スヘキ書類其他數件ニ關スル
（明治二十六年五月三十一日農商務省令第十一號）　三一七丁

○商法第二百二十六條ニ依リ調書ノ謄本ヲ求ムル者手數料ニ關スル件
（明治二十六年四月二十五日司法省令第八號）　三一八丁

現行 商法質疑摘要索引

●第一編　總則ノ部

	條數	質疑號數	頁數
○權限			
一商業登記ハ區裁判所又ハ出張所ノ設置ナキ地方ハ登記所ニ於テモ尙ホ之ヲ取扱フコトヲ得ヘキヤ……	第十八條	一	一丁
○登記、登記簿及ヒ公告			
一貸金ヲ業務トスル會社ハ商法實施前ニテモ商事會社トシテ登記ヲ受クヘキモノナリヤ……	第十八條	二	二丁
一見出帳書式中後見人未成年者婚姻代務ノ如キ不用ノ欄ハ之ヲ删除シ調製スルモ差支ナキヤ……	第十八條	三	三丁
一帳簿ニ記入シアル町村ヲ分割シ新設出張所ノ管轄ニ屬シタルトキ其			

	條數	號數	頁數
一某地ニ發行ノ新聞紙ナク地方裁判所所在地ノ新聞紙ニ某地ノ登記公告ノ約定ヲ爲ストキ手數省略ノ爲メ其地方裁判所ノ名義ヲ以テスルモ差支ナキ乎	明治二十三年司法省令第八號第十條	一五五	三一四丁
一登記公告ノ契約書ニ官吏ト新聞紙發行人トノ連署シアルモノハ證券印紙貼用ニ及ハサルモノナリヤ否ヤ	第十九條	一二	八丁
一商業登記簿謄本ノ用紙及ヒ其作製ハ如何スヘキヤ	第十九條	一三	仝丁
一商業登記ノ訂正ヲ願出タルトキハ一々公告ヲ爲スヲ要スルニモ拘ハラス手數料ヲ徴收スルコトヲ得サルヤ否ヤ	明治廿三年勅令第百三十三號第一條	一五三	三〇七丁
一明治廿三年七月十六日勅令第百三			

十三號第一條第一項第二項ノ登記公告ニ對スル手數料トアルハ登記ノ手數料ト公告料トヲ總稱シタル者ナリヤ若シ果シテ總稱シタルモノニシテ其區別ナキモノトセハ公告料ニハ（其幾分ヲ以テ充ツヘキモノ等ノ）制限ヲ要セサルモノナリヤ……明治廿三年勅令第百三十三號第一條 一五四 三〇八丁

○雜

一 合名合資株式會社公安（風俗）ヲ害スルニ依リ解散命令書式……第六十七條 一四 一四丁

一 商事會社ノ印鑑證明ハ會社ノ取引上最モ必要ノモノナルニ付テハ右ハ總テ裁判所ノ管理權內ニ於テ證明ヲ與ヘ差支ナキヤ……第七十一條 一五 一六丁

一 商事會社ノ使用スル社印印鑑ヲ官廳ニ於テ照較上必要トシ裁判所ニ

●合名合資會社ノ部

○登記、登記簿及公告

	條數	號數	頁數
登記簿中各欄ニ朱線ヲ以テ抹却シ置クヘキカ若クハ特定セサル旨ヲ記載スヘキヤ且何レニスルモ一欄ヨリ八欄マテノ登記ト見做スヘキヤ……	第百三十八條	二九	四七丁
一合資會社ニシテ社員三千五百八アリ一日公告スルモ公告料ノ費用八十圓ヲ要ス右ハ社員誰外何名トシ公告スルモ差支ナキヤ……	第百三十八條	三〇	仝丁
一合資會社登記ノ變更ヲ爲スニ當リ社員增減ノ場合ニ於テハ其理由ヲ變更欄ニ記シ而シテ增員ニ付テハ更ニ社員氏名出資額責任ノ用紙ニ記入シ減員ノ場合ニ於テハ前記入ヲ抹消スヘキモノナリヤ……	第百三十八條	三一	四八丁
一合資會社支店登記ノ場合ニ於テ書			

○雑

●株式會社ノ部

○登記、公告

第一　會社營業所ヲ登記所ノ管轄外ニ移轉シタルトキ
第二　會社營業所ヲ同一地域內ニ於テ移轉シタルトキ
第三　會社營業所ヲ登記所ノ管轄ヲ異ニセサルモ地域ヲ異ニシ移轉シタルトキ

右三箇ノ場合ニ於ケル登記取扱ハ如何スヘキ乎……第二百十條　四七　九五丁

一既設ノ國立銀行モ登記ヲ受クヘキモノナリヤ

從前各銀行ニ於テ官金取扱又ハ地方税爲替方トシテ一定ノ場所ニ出張所ヲ設クルモノハ敢テ其支店ト見做シ登記ヲ受クヘキモノナリヤ

	條數	號數	頁數
否ノ件	第百六十八條	三八	七七丁
一支金庫ニ於テ地方税爲替方ヲ兼ヌルトキハ登記ヲ受クルヲ要スルヤ	第百六十九條	四三	八二丁
一既決株式會社ノ支店ニ於テ取締役ヲ置カス支配人ノ氏名住所ヲ登記セント請フトキハ之ヲ許スモ差支ナキ乎	第百六十八條	三九	七八丁
一支店ノ名稱ニアラス出張店又ハ其他ノ名義ノモノハ登記ヲ爲スヲ要セサル乎	第百六十九條	四四	八三丁
一銀行其他諸會社ヨリ出張所名義ヲ以テ登記ヲ請求スル場合ニハ出張所名義ヲ以テ登記シ差支ナキヤ又ハ支店名義ニ變更セシムヘキヤ	第百六十九條	四五	八四丁
一私立銀行ノ代理店ト稱シ單ニ荷爲替事務ノミヲ取扱フモノアリ但其			

取扱人ハ該銀行ノ役員等ニ非ス全ク社外人ナレトモ相當ノ營業税ヲ納メ且本店名義ヲ以テ爲替手形ヲ發行ス如此モノト雖モ登記ヲ受クヘキモノナルヤ……第百六十九條 四六 仝丁

一國立銀行ノ登記公告ヲ其銀行ノ頭取ヨリ申請シタルトキハ頭取ノ名義ニテ登記シ差支ナキヤ……第百六十八條 四一 七九丁

一會社ノ專務取締役ヨリ支店ノ業務ヲ處理スヘキ旨ノ委任アリタルトキハ會社ノ營業上支配人ヨリ書入其他普通ノ登記願出タルトキハ之ヲ受理スヘキヤ……第百六十八條 四二 八〇丁

一株式會社ノ帳簿其他ノ書類ノ貯藏ヲ委任セラレタル者ノ住所氏名ハ

條數　號數　頁數

登記スヘキモノナリヤ否ヤ……第二百五十四條　五四　一一八丁

一會社解散ノ登記公告手數料ハ明治廿三年勅令第百三十三號第二項ニ依リ更ニ納付セシムヘキヤ……第二百三十四條　五一　一〇九丁

○雜

一會社ノ定款ニ有限責任社員タルコトヲ定メ其定款ハ地方廳ヘ屆出アルモ特ニ公示又ハ結約者ニ其有限責任タルコトノ明示ナキトキハ社外人ニ對シテハ無限責任ヲ負ハサルヘカラサルノ件……第百五十四條　三六　六一丁

一會社ノ權利行爲ハ取締役ニ於テ一般ニ之ヲ爲スヲ得ス專務取締役ニ限レルトノ抗辯ハ他ニ其取締役ノ職務權限ヲ定メタルモノアリテ其權限ヲ制限シタルトキニアラサレ

ハ右ノ抗辯ハ理由ナキモノナルコト又社印ノ押捺ナキモノハ會社ニ責ナシトノ抗辯ハ他ニ其無効ヲ覊束スルニ足ルヘキ特約ナカラサレハ不相立ノ件……第百六十八條　四三　八二丁

一定欵ニ利益配當金ハ株券名前人ニ於テ受領スヘキ規程アリテ其名前人タル甲者既ニ配當金ヲ受領シタリト雖モ是ヨリ前キ株券ノ所有權ハ乙者ニ移リ甲者ノ故障ニ依リ名前書換ヲ爲シ能ハサルトキハ乙者ハ甲者ニ對シ利益配當金ノ取戻シヲ請求スルコトヲ得ルノ件……第二百十九條　四八　一〇一丁

一株券賣買前ノ利益配當金ハ前記名者ノ所得トセンニハ利落賣買ノ證據ナキトキハ之ヲ主張スルヲ得サ

	條數	號數	頁數
ルヲ一般ノ商慣習ナリトスルノ件……	第二百十九條	四九	一〇二丁
一會社法實施前ニ在テハ特別ノ條例ニ依リ設立シタル會社社團ニアラサレハ法律上法人即チ會社タルノ資格ヲ有セス故ニ其解散シタルト否トニ依テ權利者ノ請求權ニ消長ヲ來スノ理ナク又其社ハ原告タリ被告タルコトヲ得ルノ件……	第二百四十三條	五二	一一一丁
一會社ニ非ラスシテ商號ニ何社若クハ何會ト稱スルモ差支ナキヤ……	商法施行條例第二條	一四四	二七七丁
一商法第百五十九條又ハ第百六十六條ニ依リ會社發起ノ認可申請書又タハ會社設立ノ免許ヲ請フ申請書ハ一般ノ書式アルモノナリヤ若シ之レナシトセハ概子ノ書例如何……	第百五十九條	三七	六四丁

罰則ノ部

條數　號數　頁數

一商法第二百五十六條以下第二百六十條ノ過料ハ業務擔當社員又ハ取締役淸算人等ノ私財ヨリ徵收スヘキヤ將タ會社財産ヨリ徵收スヘキヤ……第二百六十一條　五七　一二四丁

一登記公告ハ資本金ヲ積立サレハ之ヲ受クルコトヲ得ストスルモ上告人等ハ自ラ公告ヲ爲シタルニアラス區裁判所判事カ爲シタル公告ナレハ商法第二百六十二條第二號ヲ犯シタルニアラスト云フ當否ノ件……第二百六十二條　五八　一二五丁

共算商業組合ノ部

一組合員カ其組合ノ財産ヲ抵當トシ貸金ヲ爲スハ妨ケナシ然レトモ組合ニ同盟スル以上ハ必ス其規約ヲ遵守スルノ義務アリ故ニ其規約ニ

於テ組合ノ營業物件ヲ一定ノ時期迄賣買スルヲ得サルトキハ其間ハ假令貸金ノ辨濟ヲ受クル時期到來スルモ抵當權ヲ執行スルカ爲メ物件ヲ競賣セシムルコトヲ得サルノ件……第二百六十五條　五九　一二六丁

一組合組織ノ商會ハ無形人ニ非サルカ故ニ其組合員全体ハ即チ商會ナルヲ以テ其商會ノ債務及ヒ債權ニ付テハ組合員相互ノ間ニ方テ相殺スルコトヲ得ルノ件……第二百六十五條　六〇　一二七丁

●爲替手形約束手形ノ部

一國立銀行ニアラサル者ハ手形條例ニ依ラスシテ流通手形ヲ發行スルヲ得サル者ナルノ件……第六百九十九條　六一　一三三丁

一商法實施前ト雖モ手形ノミ商法ニ

條數　號數　頁數

屬スヘキ性質ヲ具有スル者ニ付テハ民事訴訟法第四百九十四條ノ爲替訴訟ヲ起スコトヲ得ルヤ否ヤ爲替訴訟ヲ爲ス場合ニ當リ其旨ヲ訴狀ニ掲ケサルトキハ爲替訟訴成立セサル件……第七百十二條　六二　一三七丁

一送金手形カ所持人證券ナルトキハ其讓受渡ハ之ヲ支拂フヘキ者ニ告知又ハ其承諾ヲ得ルカ如キ手續ヲ爲スヲ要セス又「コルレスポンデンス」ノ約ハ一方ヨリ他ノ一方ニ對シ手形ヲ受取ルヘキ手形所持人ノ何人タルヲ問ハス其命令ニ從ヒ支拂ヲ爲スヘシトノ契約ニ外ナラサルノ件……第七百二十三條　六三　一四二丁

一商法第七百四十八條ノ場合ニ於テ

執達吏若クハ公證人カ支拂拒證書ノ本紙又ハ附箋ニ榮譽引受ノ旨ヲ記載シタルトキハ拒證書ノ原本ヲ作リタルト同一ノ手數料ヲ收受スルコトヲ得ヘキヤ……第七百四十八條　六四　一五三丁

一所持人證劵ニ付テハ法律ニ於テ明カニ相殺ヲ許スノ規定ナキトキハ假令之ヲ讓渡シタルモノト支拂人トカ相互ニ債權者タリ債務者タリシコトアルモ支拂人ハ其第三者タル手形所持人ニ對シ法律上相殺アリト主張スルコトヲ得サル件……第七百五十五條　六五　一五五丁

一榮譽支拂ニ付キ支拂人ハ裏書讓渡人ノ爲メニ之ヲ爲サント申出テ其他ノ者ハ振出人ノ爲メニ之ヲ支拂ハント申出テタルトキハ第七百四

條數	號數	頁數
十五條等ノ如キ規定アルニ拘ハラス裏書讓渡人ノ爲メニスル支拂人ヲ以テ榮譽支拂ヲ爲サシムヘキヤ……第七百七十三條	六七	一六六丁
一前條ニハ償還義務者ト謂ヒ本條ニハ爲替義務者ト謂フ其償還義務者ト爲替義務者トノ間ニハ如何ナル差異アリヤ且如何ナル者カ爲替義務者ナリヤ……第七百八十九條	七六	一七六丁
一本條第一項ニ戻爲替手形ノ費用額ハ云々一覽拂爲替手形ノ相場ニ因リテ定マルトアリ其相場トハ爲替手形ノ全償額相場ヲ云フモノナリヤ果シテ然リトセハ又其相場ハ戻爲替手形振出地(即チ支拂地)ノ相場ニ依ルヘキカ又ハ償還義務者住地ノ相場ニ依ルヘキヤ抑モ彼地ニ		

條數　號數　頁數

テ控除シ殘二千五百圓丈ケノ送金ヲ為スヲ以テ足ル可キ乎……第八百四條　九八　一九二丁

一本條ニ方式ニ依ラサル引受即チ引受カ第七百三十七條ノ規定ニ適合セス單ニ署名又ハ捺印ノミノモノト雖モ其引受ニ因リテ引受人カ為替資金義務者ヨリ為替資金ヲ受取リタリトノ推定ヲ生ストアリ其推定トハ如何ナル効力アリヤ……第八百五條　九九　一九三丁

一約束手形ノ義務ヲ更改シテ普通債務ニ變更セントスルトキハ其手形ヲ廢棄スルカ又ハ他ニ其合意ヲ證スル明確ナルモノアラサレハ有効ナラサルノ件

為替手形ノ時効ノ期限約束手形ニ其規定ナキモ之ヲ適用スヘキノ件……第七百五十七條　六六　一五八丁

一賣買代金ノ支拂ニ付現金ニ代テ約束手形ヲ授受シタルニ其約束期日ヲ經過スルモ支拂ヲ爲ササル場合ニ在テハ約束手形ハ其効用ヲ失シ代金ヲ拂ヒ入レサルモノト同樣トナルヘシトノ件……第八百十四條　一〇〇　一九六丁

○拒證書、拒證書作成及ヒ手數料

一商法第七百七十六條其他拒證書作成ノ場合ハ手形支拂滿期日ノ次ノ業日トアリ然ルニ手形所持人カ滿期日ニ支拂ヲ請求シタルトキ支拂人ニ於テ之ヲ支拂ハサルトキハ次ノ業日ヲ待タス直チニ拒證書ヲ作成スルモ差支ナキヤ……第七百七十六條　六八　一六八丁

一本條ニ次ノ業日トハ滿期日ノ翌日ヲ指示シタルモノナリヤ將タ滿期

日ヨリ數日ヲ經ルモ所謂次ノ業日ト解スルモ差支ナキヤ若シ前段ノ如ク解スルモノトセハ其次ノ業日ヲ經過スレハ公證人ハ拒證書作成ヲ拒絶スルモ差支ナキヤ……第七百七十六條　六九　一六八丁

一所持人カ滿期日ニ爲替手形支拂ノ呈示ヲ爲サス又ハ滿期日ノ次ノ業日ニ支拂拒證書ヲ作ルヲ怠リタルトキハ如何ナル結果アリヤ……第七百七十六條　七〇　仝　丁

一手形裏書人ニ對スル償還ノ要求ハ支拂ノ請求ト其場合異ナルヲ以テ拒證書作成ヲ要スル規定モナク隨テ嚴格ナル手續ニ依ラサルモ現ニ本人又ハ本人ノ住所ニ就キ要求ヲ爲シタルコトヲ認ムヘキ確證アレハ其效アリトスヘキ件……第七百七十六條　七一　一六九丁

一手形ノ引受ヲ拒ムハ即チ其手形ノ支拂ヲ爲ス義務ナキモノカ又ハ之ヲ承諾セサルモノナルヘシ故ニ其拒絶ニ因リ既ニ引受拒證書ヲ作リタルトキハ又更ニ支拂拒證書ヲ作ルノ用ナキモノヽ如シト雖モ本條ノ明文アル以上ハ必ス之ヲ作ラサルヘカラサル乎果シテ然ラハ其ノ法意如何ナルモノナリヤ…………第七百七十七條　七二　一七〇丁

一手形ノ引受人ハ東京ナル甲商店他所拂即チ大阪ニ於テ支拂ヲ爲スヘキ場合ニ於テ別人ヲ記載セス大阪ナル支拂人即チ甲商店ノ營業所ニ於テ支拂フヘキ旨ヲ以テセリ其手形ノ所持人ハ大阪ノ支拂人營業所ヲ捜索シタルモ遂ニ不分明ニテ滿期日

條數　號數　頁數

二十八

ヲ經過シタリ然レトモ支拂人ノ別人ナラス同一人ナルノミナラス既ニ引受セラレタルニ依リ別段拒證書ヲ作ラサリシ而シテ後日支拂人即チ引受人ニ支拂ヲ請求シタルモ支拂人ハ之ニ應セス其請求ノ當否如何……………………第七百七十八條　七三　一七一丁

一支拂ノ拒絶ニ依リ其償還義務者ニ對シ拒證書作成ノ通知ハ商法第七百八十一條ニ於テ其翌日之ヲ爲スヘキモノト規定セリ然ルニ右ハ其翌日中ニ償還義務者ニ通知書ヲ送リ届クルヲ要スル儀ナリヤ又ハ償還義務者ヘノ通知ハ其翌日以後ニナルモ手形所持人ノ手許ヲ其翌日中ニ發スレハ差支ナキ儀ナルヤ若

シ之ヲ其翌日中ニ必ス通知書ヲ届ケサルヘカラストセハ所持人ト償還義務者ト隔絶セル場合其他天災又ハ意外ノ變ニ因リ到底其翌日中ニ送リ届クルヲ得サルトキハ他ニ所持人ノ權利ヲ保全スル途アリヤ……第七百八十一條　七四　一七三丁

一支拂人ニ於テ引受ヲ拒ミタルニ因リ引受拒證書ヲ作リ償還義務者ニ對シ其通知ヲ爲シタルトキハ別段支拂拒證書作成ノ通知ヲ要セサルモノナルヘキニ特ニ本條ニ於テ其通知ヲ要スト爲シタルハ如何又其通知ハ口頭ニテ差支ナキヤ……第七百八十一條　七五　一七四丁

一本條ニ拒證書ハ裁判所役員又ハ公證人之ヲ作ルモノトス若シ其地ニ此等ノ人ナキトキハ云々トアリ故

	條數	號數	頁數
ニ公證人及ヒ執達吏ナキ地ニ於テハ被拒者ニ於テ證人二人ノ立會ヲ以テ之ヲ作ルコトヲ得ルト雖モ公證人カ公證人及ヒ執達吏ノ設ケナキ受持區外人ノ囑託アルトキハ特ニ拒證書ニ限リ受持區外ニ出張シテ之ヲ作ルコトヲ得ヘキヤ……	第七百九十條	七七	一七七丁
一公證人カ拒證書ヲ作ルニ付テハ公證人規則ヲ遵守スルヲ要セサルカノ件……	第七百九十條	七八	一七八丁
一公證人ニ於テ拒證書ヲ作ルニハ公證人規則第二十八條ニ依リ立會人ヲ要スルヤ且臨席者ノ内公證人ニ於テ氏名ヲ知ラス面識ナキトキハ同條第二項ノ規定ニ因リ證明書若クハ證明人ヲ要スルモノナリヤ……	第七百九十條	七九	一七八丁

條數　號數　頁數

三十二

ニ於テ執務シ差支ナキヤ……第七百九十一條　八二　一七九丁

一支拂人ニ於テ其支拂ヲ拒ミ且營業所ニハ惡病者アリ其來入ヲモ拒ミタルトキハ商法第七百九十一條第二項ニ依リ已ムヲ得サル場合トシ差支ナキヤ若シ差支ナキモノトセハ拒證書ノ作成ハ同條第二項ニハ裁判所又ハ公證人役場トアレトモ執達吏役場ニ於テ之ヲ作ルモ差支ナキヤ……第七百九十一條　八三　一八〇丁

一同一ノ拒證書ヲ日時ヲ異ニシテ數通ニ作成スル爲メ被拒者公證人役場ニ出頭シタルトキハ商法第七百九十一條第七百九十三條ノ規定ニ因ラスシテ直チニ役場ニ於テ作成シ且ツ何年何月何日某所ニ於テ作

十四條第八及ヒ第五十六條ニ従ヒ號外トシテ見出帳ニ記入スヘキモノナリヤ……第七百九十八條　九〇　一八七丁

一本條ニ依リ拒證書ノ全文ヲ日々記入スヘキ帳簿ハ公正證書ノ用紙ヲ用井テ調製シ其綴目合目ニ地方裁判所長ノ官印ヲ以テ割印ヲ求ムヘキヤ……第七百九十八條　九一　仝　丁

一正本及ヒ正式謄本ハ權利者ノ署名捺印ヲ要セス公證人並ニ義務者署名捺印スヘキハ公證人規則第四十五條第二項ニ依リ明白ナレトモ同規則第三十五條ニ囑託人(權義兩者ヲ指スモノナラン)トアルニ依リ權利者ニハ單ニ證書ノ綴目合目ノミニ捺印セシムヘキモノナルヤ將タ證書ニ署名捺印セ

リヤ……第七百九十八條　九四　仝　丁
一拒證書作成ノ手數料ハ公證人規則第六十五條ニ準據シ之ヲ受クヘキモノナリヤ……第七百九十八條　九五　仝　丁

第三編　破產ノ部

○權限

一破產事件ハ甲號支部及ヒ地方裁判所ニ屬スル民事第一審ノ裁判權ヲ有スル支部ト雖モ其權限ヲ有セサルヤ……第九百七十八條　一〇一　二〇二丁
一會社ノ破產ニ付他廳ノ囑託ニ依リ自廳ノ管內ニ在ル其會社支店ノ財產保全及ヒ換價ノ處分ヲ爲スタメ破產主任官及ヒ管財人ヲ命スルコトヲ得ヘキヤ……第千八條　一二〇　二三九丁
一合資會社破產ノ管財人ハ商法第千

條數　號數　頁數

二條二項ノ處分ノ外其業務擔當人ノ財產ニ對シ保全管理及ヒ換價ノ處分ヲ爲シ得サルカ果シテ然ラハ更ニ破產ノ宣告ヲ要スルヤ……第千三條　一一四　二三三丁

一破產者ノ監守ニ付破產者ヲシテ外出ヲ禁シ又ハ一室內ニ起臥セシメ室外ニ出ツルコトヲ禁スル等ハ妨ケナキヤ……第千三條　一一五　仝　丁

一破產者ニ對シ通信面接ハ絕體的ニ禁止スヘキヤ又ハ主任官ノ許可ヲ受クル暇マナキ要急事件ニシテ監守者ニ於テ不都合ナシト認ムルモノハ監守者立會ノ上面接又ハ通信セシメタル後其旨主任官ヘ報告セシムル等應急ノ處分ヲ爲シ得ヘキヤ……第千六條　一一九　二三八丁

○雜

	條數	號數	頁數
アルヲ以テ引致者勾束ノ效力モ勾引狀ト同一ノモノト爲スコトヲ得ヘキヤ……	第千三條	一一六	二三四丁
一商法第九百八十條及ヒ第千二條ニ依リ破產裁判所カ決定ヲ以テ破產者ノ動產ノ封印ヲ命シタル場合ニ於テ其執行ハ何人カ爲スヘキモノナルヤノ件……	第千二條	一一二	二三〇丁
一執達吏カ破產裁判所ヨリノ命ヲ以テ保全ノ爲メ動產ニ對シ封印ヲ爲シタルトキハ手數料ヲ受クヘキモノナリヤ……	第千二條	一一三	二三三丁
一會社破產ノ場合ニ於テ財產目錄ノ謄本ヲ管財人ノ囑託ニ因リ立會執達吏カ之ヲ作リタルトキハ執達吏手數料規則ニ依リ立替金トシテ裁			

○ 破産手續ノ停止、費用及ヒ公告
歸セシムルモ差支ナキ乎…………第九百八十二條　一○六　二○九丁

一破産裁判所カ劈頭ニ破産手續ノ停
止ヲ決定スルニ當リ破産主任官ハ
如何シテ破産者財團ノ其費用ヲ償
フニ足ラサルヲ認ムヘキ乎………第九百八十二條　一○七　二一○丁

一職權ヲ以テ破産ヲ宣告シテル場合
ニ於テ破産者全ク無資力ナルトキ
執達吏ノ立替金ハ國庫ヨリ支拂フ
ヘキ乎…………………………第九百八十二條　一○八　二一一丁

一破産事件ニ付キ立替ヲ爲ス費用額
ハ明治二十三年法律第六十四號民

商法質疑摘要索引

四十三

	條數	號數	頁數
事訴訟費用法ヲ準用シテ之ヲ豫定スヘキモノナリヤ……	第九百八十二條	一〇九	二一二丁
一地方裁判所支部ニ於テ商法ニ依リ破産宣告ヲ公告スルニ當リ其地ニ發行ノ新聞紙ナキトキハ地方裁判所本廳所在地ニテ發行ノ新聞紙ニ公告スルモ差支ナキヤ……	第九百八十一條	一〇五	二〇八丁
○破産管財人			
一破産管財人ノ品格年齡等ノ標準ハ如何スヘキヤ……	第千八條	一一一	二三〇丁
一破産管財人選定ニハ執達吏ハ勿論不都合ナルヘケレ𪜈辯護士ハ如何差支ナキヤ……	第千八條	一一二	二三一丁
一破産管財人ハ現ニ商人ナキ村ニモ置クヘキカ若シ置クトキハ二三村合併一人ヲ置クモ差支ナキヤ……	第千八條	一一三	仝丁

一破産管財人ハ報酬ノ外尙ホ旅費日當ノ支給ヲ受クヘキモノナリヤ……第千九條　一二四　二三二丁
一破産財團ナク其財團中ヨリ管財人ニ報酬ヲ與フルコトヲ得サルトキハ如何スヘキヤ……第千九條　一二五　二三二丁
一破産管財人報酬ノ步合ハ如何ニ定ムヘキモノナリヤ……第千九條　一二六　二三三丁
一破産管財人ノ報酬ニ付外國ノ例如何……第千九條　一二七　仝丁
一商法施行條例第四十二條管財人解職ノ言渡ノ効力ハ選定セラレタル其事件ノミニ止マルカ將タ管財人タル資格ヲモ喪失スルモノナリヤ……商法施行條例第四十二條　一五二　二九〇丁
一管財人名簿外ノモノニ臨時破産管財人ヲ命シタル場合ニ於テ其者謂レナク之ヲ辭スルトキノ制裁如何……商法施行條例第四十一條　一五一　仝丁

	商法施行條例條數	號數	頁數
一破産管財人宣誓書書式	第三十九條	一五〇	二八九丁
○罰則			
一支拂停止ヨリ五日ノ後ニ至リ其屆出ヲ爲シタルトキハ其意思ノ如何事情ノ何タルニ拘ハラス有罪破産トシ罰セラルヘキ乎或ハ事情ニ依リ罪ノ免カルヘキコトアリヤ否ヤ	第千五十一條	一三九	二六三丁
○附記			
一破産處分後ノ登記及ヒ市町村長等ヘ通知手續	第千六十四條	一四二	二七三丁
●商法施行條例			
一一市內ニ甲區裁判所ト甲區裁判所乙區裁判所ト二ケノ登記所アルトキ兩所ニテ商業登記ヲ取扱フモ差支ナキヤ	商法施行條例第一條	一四三	二七六丁

一會社カ官廳ニ差出ス書類ニ付キ公證人ニ於テ認證ヲ爲スニハ別ニ本書ト相違ナキ旨ヲ認メ署名捺印シタル謄本一通ヲ差出サシメ而シテ公證人ニ於テ其謄本ト認證シタル謄本トニ割印シ依頼者ノ署名シタル謄本ハ日後認證ヲ與ヘタル證左トシテ役場ニ保存シ且其證認シタル旨ヲ見出帳ニ記入シ置クヘキモノナリヤ……………………商法施行條例 第三條　一四六　二七九丁

一既設會社定款認可ノ期間ハ其定款ニ基キ契約書ヲ調製スルコトヲ得ヘキヤ
又今日新設ノ會社ニシテ社長頭取ノ名稱ヲ用ヰ及ヒ一己人ノ經營スル私立銀行ニ何々銀行頭取云々ト

	條數	號數	頁數
名稱スルモ差支ナキヤノ件……	商法施行條例第二條	一四五	二三七七
一官許ヲ受ケサル既設株式會社ノ定款及ヒ官許ヲ受ケ設立シタル既設株式會社ノ定款許否ノ件……	商法施行條例第十條	一四七	二八三丁
一商法施行條例第十條第二項ニ規定シタル定款認可ニ關スル六ケ月ノ期間ハ認可ヲ受クヘキ期限ヲ定メタルモノナリヤ又ハ右期限内ニ認可申請書ヲ主務省ニ差出スヘキ期限ヲ定メタルモノナリヤ……	商法施行條例第十條	一四八	仝丁
一商法施行條例第十條第四項第五項ニ認可書ヲ得タル日トアルハ認可ノ日ナルカ又ハ認可書ノ會社ヘ達シタル日ナルヤ……	商法施行條例第十條	一四九	二八四丁

現行 商法

朕帝國議會ノ協賛ヲ經タル商法及商法施行條例中改正竝施行法律ヲ裁可シ茲ニ之ヲ公布セシム

御名御璽

明治二十六年三月四日

内閣總理大臣　伯爵伊藤博文
司法大臣　伯爵山縣有朋
遞信大臣　伯爵黑田淸隆
內務大臣　伯爵井上馨
陸軍大臣　伯爵大山巖
農商務大臣　伯爵後藤象二郎
外務大臣　陸奥宗光
文部大臣　河野敏鎌

海軍大臣　子爵仁禮景範
大藏大臣　渡邊國武

法律第九號

第一條　商法及ヒ商法施行條例中別冊ノ通リ改正ス

第二條　商法第一編第六章第十二章及ヒ第三編竝ニ商法施行條例第一條乃至第三條第五條乃至第八條第十條乃至第二十七條第三十五條乃至第四十五條第四十八條乃至第五十一條及ヒ第五十三條第三項ハ明治二十六年七月一日ヨリ之ヲ施行ス

第三條　商法第一編第二章及ヒ第四章ハ右同日ヨリ商事會社ニ付テノミ之ヲ施行ス

（別冊ハ本文ニ就テ直ニ訂正ス）

現行 商法

第一編 商ノ通則

第二章 商業登記簿

第十八條 商號、後見人、未成年者、婚姻契約、代務及ヒ會社ニ關スル商業登記簿ハ當事者ノ營業所又ハ住所ノ裁判所ニ之ヲ備ヘ登記及ヒ之ニ關スル事務ハ其裁判所之ヲ行フ

前項ノ營業所又ハ住所ヲ他ノ地ニ移シタルトキハ既ニ登記シタル事實カ尚ホ存スル場合ニ限リ移轉地ニ於テモ亦更ニ其登記ヲ受ク可シ

(一)(質疑) 登記事務ハ裁判所構成法第十五條第三項ニテ區裁判所ノ管轄ト規定シアルモ明治十九年法律第一號登記法第三條ニ治安裁判所遠隔ノ地方ニ於テハ郡役所其他司法大臣ノ指定スル所ニ於テ之ヲ取扱ハシムトアリ而シテ同年

司法省令第四號ニテ管轄區域ヲ定メ戸長役場ニ於テモ登記事務ヲ取扱フコトニ定ム甲地方裁判所管内某國ハ乙區裁判所及ヒ丙丁ノ兩戸長役場ニテ現今登記事務ヲ取扱ヒ居レリ然ルニ商業登記ハ明治十九年法律第一號登記法發布後ニ定メラレタルモノニテ該法律ニ依ル能ハサルニ付キ商業登記簿ハ商法第十八條ニヨリ當事者ノ營業所又ハ住所ノ區裁判所或ハ區裁判所出張所ニ之ヲ備ヘ登記及ヒ之ニ關スル事務ハ其區裁判所又ハ同出張所ニ於テノミ取扱フヘキモノニシテ丙丁兩戸長役場(即チ登記所)所轄地内ノ商業登記ハ一ノ發令モナキニ付キ當然乙區裁判所ニ於テ取扱フヘキモノナリヤ

(決答) 商業登記ノ事務ハ裁判所構成法第十五條商法第十八條等ニ依リ其區裁判所又ハ出張所ノ權限ニ屬スヘキハ明晰ナリ而シテ登記法第三條ニ基キ郡區町村役場ニ置カレタル登記所ニ在テ郡區戸長ニ委任シテ取扱ハシムルハ元來普通登記事務ニシテ商業登記ハ別ニ司法大臣ノ委任ナキヲ以テ戸長役場ニ於テハ當然取扱ヲ爲シ得サルモノトス

(二)(質疑) 貸金ヲ業務トスル會社ハ商法實施前ニテモ商事會社トシテ登記ヲ受クヘキモノナリヤ

(決答) 貸金營業ハ資本ノ運轉ヲ爲スモノナルニ付キ法理上之ヲ一ノ商取引ト云

ハサルヘカラス故ニ商法第五條第一號ハ未タ實施セラレサルモ貸金營業ヲ爲ス會社ハ一ノ商事會社タルヲ以テ其會社ハ登記ヲ要スヘキモノトス

(三)(質疑)　明治廿六年司法省民刑第三一四號ヲ以テ明治廿三年十月司法省令第八號附錄登記簿式中第七號合名會社第八號合資會社第九號株式會社ノ簿式改正セラレ第一號見出帳ノ簿式ノ改正ナキハ前省令簿式ニ依ルヘキモノナルヘケレトモ各欄中後見人未成年者婚姻代務ノ四欄ノ如キ不用ニ屬スルモノハ之ヲ删除シ調製スルモ差支ナキモノナリヤ又其改正ナキハ都テ前省令ノ簿式ニ依ルヘキモノナリヤ

(決答)　見出帳簿式各欄中後見人未成年者婚姻代務ノ欄ノ如キ不用ニ屬スルモノハ之ヲ删除シ調製シ差支ナキモノトス

(四)(質疑)　商業登記簿ハ地所建物登記簿ノ如ク各町村ノ區別ナク合名合資株式ノ三種ニ分チ各一帳簿ニ各町村ノ分ヲ列記シアルニ右一帳簿ノ內新設出張所ノ管轄ニ屬スル分アリ今之ヲ引繼(舊管轄登記官廳ヨリ新設登記官廳ニ)ニ登記簿ヲ分割スルコト能ハス又轉寫法ヲ以テ移記スルコトモ能ハサルヘシ因テ出張所即チ新設登記官廳ヘハ謄本ヲ作リ引繼キ他日人民ヨリ登記簿ノ謄本ヲ請求セシ時ハ謄本ニ依リ謄寫セシ旨記載シテ下付スヘキモノナリヤ

（決答）　舊出張所ノ管轄中新設出張所ノ管轄ニ屬スヘキ登記ハ謄本ヲ以テ引繼ヲ爲シ新設出張所ハ其謄本ニ依リ登記簿ニ登記ヲ爲サシメ而シテ登記簿ニハ其豫備欄内ニ何年何月何日管轄變更ニ依リ轉出又ハ轉入セシ旨ヲ記入シ置クヘキモノトス

第十九條　登記ハ其度毎ニ裁判所ヨリ其地ニ於テ發行スル新聞紙ヲ以テ速ニ之ヲ公告ス可シ其新聞紙ハ豫メ一曆年ノ間之ヲ定メ置クコトヲ要ス若シ其地ニ發行ノ新聞紙ナキトキハ其公告ノ方法ハ司法大臣ノ定ムル所ニ依ル又各人ニ商業登記簿ノ縱覽ヲ許シ且手數料ヲ納ムル者ニハ認證シタル謄本ヲ請フコトヲ許ス登記及ヒ公告ヲ受クル毎ニ手數料ヲ納メシム其額ハ勅令ヲ以テ一定平等ニ之ヲ定ム

（五）（質疑）　商業登記公告ノ期間ニ付テハ別段規定ナキニ付テハ新聞紙ヲ以テスルト區裁判所ノ掲示場若クハ其地ニ於ケル人民群集ノ場所ニ公告スルトヲ問ハス總テ各登記所ニ於テ適宜之ヲ定ムヘキヤ

（決答）　公告ノ期間ニ付テハ別段ノ規定ナキヲ以テ各區裁判所又ハ出張所ニテ適宜之ヲ定メ得ヘシト雖モ公告ハ可成新聞紙ニ依ルヘシ但新聞紙ヲ以テ爲ストキハ一回之ヲ爲スニ止ムルモ差支ナシ

（六）（質疑）　商業登記公告ヲ爲スヘキ新聞紙ハ一種ニテ差支ナキ乎

（決答）　商業登記公告ハ一新聞紙ニテ差支ナシ

（七）（質疑）　明治二十三年十月司法省令第八號商業及ヒ船舶ノ登記公告ニ關スル取扱規則第一條並第十條ニ登記所トアルハ各區裁判所及出張所ヲ指スヘシ而シテ前記第十條ノ末項ニ依リ各登記所ハ其所在ノ新聞紙發行人ト隨意ニ公告委託ヲ爲スニ付テハ若シ甲地方裁判所管內ニ數種ノ新聞紙アルニ於テハ登記所トノ公告委託數種ノ新聞紙ニ涉ル可シ凡ソ商業上其他ノ取引ハ同縣內ニ最モ關係多キモノナレハ當管內ノ商人社會及ヒ其他ノ者ハ公告ノ約定アル新聞紙ハ悉ク購求ノ必要ニ迫マラレ其迷惑不尠就テハ各登記所ニ代ハリ管轄地方裁判所ニ於テ特ニ一二ノ新聞紙發行人ト公告委託ノ約定ヲ爲シ差支ナキカ將タ公告ヲ新聞紙ニ掲載スルハ一日活字ハ五號ト定ムルモ差支ナキヤ

（決答）　司法省令第八號登記公告ニ關スル取扱規則中登記所トアルハ區裁判所及ヒ出張所ヲ指シ又新聞紙ニ公告ヲ爲スハ登記所々在地ニ在ル新聞紙ト約定ヲ爲

スヘキモノナレハ一地方裁判所管內ニ於テハ數種ノ新聞紙ニ涉ルコトアルヘシ而シテ各登記所ニ代リ管轄地方廳ニ於テ特ニ新聞紙發行人ト公告委託ノ約定ヲ爲スヘキモノニアラス但登記所々在地ニ新聞紙ノ發行スルモノナキ爲メ地方裁判所々在地ノ新聞紙ニ公告ヲ爲スヘキ場合ニ於テハ約定名義ハ固ヨリ其登記所ノ名ヲ以テスヘキモ其約定ヲ締結スル準備ノ手續ハ地方本廳ニ於テ爲スモ差支ナシ又新聞紙ニ公告日數及ヒ活字ノ大小ニ付テハ別ニ限定ナキヲ以テ其日數ハ一日ニ止メ活字ハ適宜ニ定ムルモ差支ナシ

(八)(質疑)　明治二十三年司法省令第八號第十條ニ據リ商業登記ノ公告ヲ某新聞紙ニ一曆年間ノ委託ヲ爲セシニ該新聞發行停止ヲ命セラレタリ此場合ニ於テ偶々公告ヲ要スル登記事件アリタルトキハ商法第十九條ニ(前略)速カニ公告スヘシトアルニ依リ他ノ(其地ニ發行スル新聞若シ之レナキトキハ地方裁判所所在地ニ發行スル)新聞紙ニ臨時公告ヲ委託スヘキヤ又ハ何日內ニ公告スヘシトノ規定ナキヲ以テ某新聞ノ解停ヲ待ツテ公告スルモ差支ナキヤ

(決答)　商業登記ハ何日內ニ公告スヘシトノ規定ナシト雖モ商法第十九條ニ速カニ公告スヘシトアルニ付キ停止セラレタル新聞紙ノ解停ヲ待ツヘキモノニアラス臨時他ノ新聞社ニ公告ヲ委託シ且明治二十三年司法省令第八號第十條第四項

ノ規定ニ準據シ豫メ其旨ヲ公告スヘキモノトス

（九）（質疑）　某裁判所ニテハ商業登記公告ヲ其所在地ニ於テ發行スル或ル新聞紙一種ニ揭載シ來レリ然ルニ其裁判所所在地ニハ新聞紙二種アリテ各黨派ヲ異ニシ其購讀者モ亦兩黨相分レ一方ノ新聞紙ニノミ公告ヲ爲ストキハ他ノ一方ノ新聞紙ハ其價値ヲ減シ且購讀者ハ他黨ノ新聞紙ヲ購ハサルヲ得サル等ノ事情アリテ該新聞社ハ勿論其購讀者ノ苦情不少如此トキハ其公告日數ヲ二日ニ短縮シ二種ノ新聞紙ニ揭載セシメ差支ナキヤ

（決答）　登記公告ハ必スシモ一種ノ新聞紙ニ限ルモノニ非スト雖モ凡ソ登記公告ハ一曆年間新聞紙社ト契約ヲ爲シ豫メ其新聞紙ノ種類ヲ公告スヘキモノニ付キ該新聞紙廢刊其他避クヘカラサル場合ノ外濫リニ變更スヘキモノニアラス

（一〇）（質疑）　新聞紙ニ登記公告ヲ爲シタル費用ハ廳費ヨリ支辨スヘキモノナリヤ

（決答）　新聞紙ニ公告ノ費用ハ區裁判所又ハ出張所ノ廳費ヨリ支出スヘキモノトス

（一一）（質疑）　新聞紙雜誌類官費購讀ハ爲シ得サル所ナレトモ商業ノ登記公告委託ノ約定ヲ爲シタル新聞紙ハ調査上必要ニ付キ其登記所ニ限リ官費購讀ヲ爲シ

得ルヤ

（決答）　新聞紙上商業登記公告掲載ノ部査閲ノ義ハ特ニ官費購讀ヲ爲サス初メ公告掲載方契約ノ際該公告掲載ノ新聞紙配付ノ義ヲ約定スレハ差支ナカルヘシ

（一二）（質疑）　登記公告ノ契約書ニ官吏ト新聞紙發行人トノ連署シアルモノハ證劵印紙貼用ニ及ハサルモノナリヤ否ヤ

（決答）　右ノ契約書ハ官廳ヨリ差出ス證書ト異リ双務ノ契約ナルヲ以テ印紙ヲ貼用スルヲ要ス

（一三）（質疑）　商業登記簿謄本ノ用紙及ヒ其作製ハ如何スヘキヤ

（決答）　商業登記簿ノ謄本ハ登記簿ト同一様式ノ用紙ヲ以テ之ヲ作リ其末尾ニ左ノ認證文ヲ記シタルモノヲ添付シテ契印ヲ爲シ登記官之ニ年月日ヲ記シテ署名捺印シ且ツ登記所ノ印ヲ捺スヘシ

此謄本ハ登記簿ニ依リ之ヲ作リ玆ニ原登記ニ相違ナキコトヲ認證ス

第二十條　登記ヲ受ケントスルトキハ當事者ノ署名捺印シタル陳述書ヲ以テ自己又ハ委任狀ヲ受ケタル代理人ヨリ届出ツルコトヲ要ス其登記ハ即日又ハ翌日中ニ之ヲ爲ス

第二十一條　若シ裁判所ニ於テ登記ヲ拒ミタルトキハ當事者ヨリ其命令ニ對シテ即時抗告ヲ爲スコトヲ得

登記ノ變更又ハ取消ニ付テモ亦前項ニ同シ

第二十二條　登記シタル事項ハ公ニシテ且裁判所ノ認知シタルモノトス何人ト雖モ毫モ己レノ過失ニ非サルコトヲ證シ得ルニ非サレハ之ヲ知ヲサルヲ以テ己レヲ保護スルコトヲ得ス然レトモ其事項ハ他ノ方法ニ因リ之ヲ知得タル者ニ對シテハ登記ノ前後ヲ問ハス其効用ヲ致サシム但權利關係カ登記ニ因リ始メテ生ス可キ例外ノ場合ハ其場所ニ於テ之ヲ定ム

第四章　商業帳簿

第三十一條　各商人ハ其營業部類ノ慣例ニ從ヒ完全ナル商業帳簿ヲ備フル責アリ殊ニ帳簿ニ日日其取扱ヒタル取引、他人トノ間ニ成立チタル自己ノ權利義務、受取リ又ハ引渡シタル商品、支拂ヒ又ハ受取リタル金額ヲ整齊且明瞭ニ記入シ又月月其家事費用及ヒ商業費用ノ總額ヲ記入ス

小賣ノ取引ハ現金賣ト掛賣トヲ問ハス逐一之ヲ記入スルコトヲ要セス日日ノ賣上總額ノミヲ記入ス

第三十二條　各商人ハ開業ノ時及ヒ爾後毎年初ノ三个月内ニ又合資會社及ヒ株式會社ハ開業ノ時及毎事業年度ノ終ニ於テ動產、不動產ノ總目錄及ヒ貸方借方ノ對照表ヲ作リ特ニ設ケタル帳簿ニ記入シテ署名スル責アリ

財產目錄及ヒ貸借對照表ヲ作ルニハ總テノ商品、債權及ヒ其他總テノ財產ニ當時ノ相場又ハ市場價直ヲ附ス辨償ヲ得ルコトノ確ナラサル債權ニ付テハ其推知シ得ヘキ損失額ヲ控除シテ之ヲ

記載シ又到底損失ニ歸ス可キ債權ハ全ク之ヲ記載セス

第三十三條　每半个年又ハ每半个年内ニ利息又ハ配當金ヲ社員ニ分配スル會社ハ每半个年ニ前條記載ノ責ヲ盡ス可シ

第三十四條　各商人ハ十个年間商業帳簿ヲ貯藏シ火災又ハ其他ノ意外ノ事變ニ因リテ喪失又ハ毀損セサルコトニ注意スル責アリ

第三十五條　商人ノ商業帳簿ハ其一身ノ所有物ニシテ破產又ハ會社清算ノ場合ヲ除ク外官權ヲ以テ之ヲ交付セシムルコトヲ得ス

第三十六條　然レトモ相續ニ關スル事件、共通ニ關スル事件、分割ニ關スル事件及ヒ業務取扱ニ關スル爭訟ニ付キ當事者ノ申立ニ因リ裁判所ノ命令アルトキハ總テノ商業帳簿ヲ差出サヽルコトヲ得ス

第三十七條　爭訟中原告又ハ被告ノ申立アルトキハ受訴裁判所ハ

相手方ノ商業帳簿ノ開示ヲ命シ其所有者ノ面前ニ於テ右爭訟事件ニ關スル記入ノ檢閲又ハ時宜ニ因リテ其謄寫ヲ爲サシム若シ其帳簿カ他ノ地ニ在ルトキハ右裁判所ハ其地ニ就キ又ハ其地ノ裁判所ニ囑託シテ檢閲又ハ謄寫ヲ爲サシム

第三十八條　何人ニテモ商業帳簿又ハ其中ノ一ヲ開示ス可キ裁判所ノ命令ニ從ハサル者ハ之ヲ以テ證ス可キ爭訟事件ニ付キ自己ノ不利ト爲ル推定ヲ受ク但其開示セサリシハ自己ノ過失ニ非サルコトヲ證シ又ハ疏明シ得ルトキハ此限ニ在ラス

第三十九條　商業帳簿ノ記入ノ證據力ハ裁判所事情ヲ斟酌シテ之ヲ判決ス然レトモ其記入ノミヲ以テ記入者ノ利益ト爲ル可キ十分ノ證ト爲スコトヲ得ス但相手方ニテモ亦其記入ヲ援用シタトルキ又ハ相手方カ商人ニシテ自己ノ帳簿ニ於ケル反對ノ記入ヲ

以テ之ニ對抗シ能ハサルトキ又ハ相手方ニ於テ其不正ナルコトヲ少シニテモ信認セシメ得サルトキハ此限ニ在ラス
相手方其記入ヲ援用シタル場合ニ於テ之ト連絡セル記入アルトキモ亦同シ

第四十條　原告被告雙方ノ商業帳簿ノ記入相牴觸シテ解明シ能ハサルトキニ於テモ亦裁判所ハ事情ヲ斟酌シテ其證據物ヲ全ク擲棄スルト否ト又ハ一方ノ帳簿ニ一層ノ信用ヲ置クト否トヲ判決ス

第四十一條　商業帳簿カ十分ノ證ト爲ヲサル總テノ場合ニ於テハ裁判所カ事情ヲ斟酌シテ定ム可キ他ノ證據ヲ以テ之ヲ補充スルコトヲ得

第六章　商事會社及ヒ共算商業組合

第六十六條　商事會社ハ共同シテ商業ヲ營ム爲メニノミ之ヲ設立スルコトヲ得

第六十七條　法律ニ背キ又ハ禁止セラレタル事業ヲ目的トスル會社ハ初ヨリ無効タリ

若シ會社ノ營業カ公安又ハ風俗ヲ害ス可キトキハ裁判所ハ檢事ノ申立ニ因リ又ハ職權ニ依リ其命令ヲ以テ之ヲ解散セシムルコトヲ得但其命令ニ對シ即時抗告ヲ爲スコトヲ得

(一四)(書式)　會社解散命令原本(正本)

何府縣何市町村何番地

何々(合名/合資/株式)會社

右何會社解散事件ニ付當地方裁判所ハ檢事何某ノ申立ニ因リ(職權ヲ以テ)業務擔當社員何某(取締役何某)ノ説明(及ヒ檢事何某ノ意見)ヲ聽キ之ヲ審査スルニ

其會社ハ何々ノ事實ヲ目的トスルモ何々ヲ營ムモノニシテ其業ハ公安（風俗）ヲ害スルモノナリト認ムルヲ以テ商法第六十七條ニ依リ命令スルコト左ノ如シ

何々（合名／合資／株式）會社ハ解散スヘシ

明治二十六年何月日

某地方裁判所民事第何部

裁判長判事　何　某　印

判事　何　某　印

判事　何　某　印

右原本ニ因リ正本ヲ作ルモノナリ

年　月　日

某地方裁判所

裁判所書記　何　某　印

第六十八條　法律、命令ニ依リ官廳ノ許可ヲ受ク可キ營業ヲ爲サントスル會社ハ其許可ヲ得ルニ非サレハ之ヲ設立スルコトヲ得ス

株式會社ニ關シテハ第三節ノ規定ヲ遵守スルコトヲ要ス

第六十九條　會社ノ設立ハ適當ナル登記及ヒ公告ヲ受クルニ非サレハ第三者ニ對シテ會社タル効ナシ

第七十條　會社ハ社名ヲ設ケ社印ヲ製シ定マリタル營業所ヲ設クルコトヲ要ス

第七十一條　社印ニハ社名ヲ刻シ其印鑑ヲ商業登記簿ニ添ヘテ保存スル爲メ之ヲ第十八條ニ掲ケタル裁判所ニ差出スコトヲ要ス社印ヲ變更シ又ハ改刻スルトキモ亦此手續ヲ爲ス

（一五）（質疑）　商事會社ノ印鑑證明ハ會社ノ取引上最モ必要ノモノナルニ付テハ右ハ總テ裁判所ノ管理權内ニ於テ證明ヲ與ヘ差支ナキモノナリヤ

（決答）　商法第十九條ニ各人ニ商業登記簿ノ縱覽ヲ許シ且其認證アル謄本ヲ付與スルノ規定アリ又第七十一條ニ印鑑ヲ裁判所ニ差出スヘキ規定アルモ社印ヲ證明スヘキ規定ナシ會社ト取引上社印ノ眞實ヲ確メントト欲スルモノハ登記簿ニ添ヘテ保存シアル印鑑ノ縱覽ヲ求ムルヲ以テ足レリトス（但記名公債證書ヲ所有スル商事會社ヨリ日本銀行ニ差出スヘキ印鑑ノ證明ヲ請フトキハ登記ノ爲メ其

會社ヨリ差出シタル印鑑ト照合シ區裁判所ニ於テ其證明ヲ與フヘキモノナリ）若シ否ラスシテ總テノ場合ニ於テ證明ヲ與フヘシトセハ裁判所ハ手數料ヲ徴スルコトナクシテ最煩雜ナル手續ヲ行ハサルヲ得サルニ至ルヘシ之レ右但書ノ場合ノ外證明ヲ與フルヲ要セサル所以ナリ

（一六）（質疑）　商法第七十二條ニ據リ商事會社ノ使用スル社印印鑑ヲ官廳ニ於テ照較上必要トスルトキハ明治廿六年九月大藏省令第十八號ノ例ニ依リ從來各人ノ實印印鑑ヲ市町村長ニ證明セシメタル如ク又登記事項ニ付キ認證シタル謄本ヲ下付セラルルト同シク商事會社ノ社印印鑑ヲ差出シアル裁判所ノ證明ヲ經セシムルコトヲ得ル儀ナルヤ若シ裁判所ニ於テ右ノ證明ヲ與ヘラレサルトキハ登記簿ト同樣印鑑帳ノ閲覽ヲ許サレ官廳ノ請求ト雖モ登記簿閲覽手數料ヲ納付スヘキモノナリヤ

（決答）　明治廿六年九月大藏省令第十八號ニ關シ司法省ヨリ裁判所ニ對シ民刑第六六六號ノ訓令アリ其訓令ノ旨趣ハ一般ノ場合ヲ指シタルモノニアラサレトモ官廳間共助ノ爲メ裁判所ニ於テ右證明ヲ爲ササルコトハ之レナカルヘク又若シ裁判所ニ於テ證明ヲ與ヘサル場合ニハ印鑑帳ノ閲覽ハ別ニ其規定ナシト雖モ商法第七十一條ニ依リ印鑑ハ登記簿ニ添ヘ保存ス云々トアレハ印鑑帳ノ閲覽ハ即

チ登記簿ノ閲覽ト視ル可キモノナルヲ以テ官廳ノ請求ト人民ノ請求トニ別ナク手數料ヲ納付スルニ於テハ其請求ニ應スヘキハ當然ナリトス

第七十二條　社名及ヒ社印ハ官廳ニ宛テタル文書又ハ報告書、株券、手形及ヒ會社ニ於テ權利ヲ得義務ヲ負フ可キ一切ノ書類ニ之ヲ用ユ

（一七）（質疑）　某會社ニ於テ其營業上ノ契約ヲ爲スニ當リ社長自ラ公正證書ヲ依賴スル場合ニ於テハ公正證書ヘ其會社ノ印ヲ捺セサルモ差支ナキヤ若シ差支ナシトスレハ單リ社長ノ實印若クハ役印ヲ捺スルヲ以テ足ルヤ

（決答）　會社ニ關スル公正證書ノ捺印ハ會社印若クハ社長役印ヲ用ユヘキモノトス

第七十三條　會社ハ特立ノ財產ヲ所有シ又獨立シテ權利ヲ得義務ヲ負フ又訴訟ニ付キ原告又ハ被告ト爲ルコトヲ得

（一八）（質疑）　商法第七十三條ニ據レハ會社ハ獨立シテ權利ヲ得義務ヲ負フヘキモノナルヲ以テ會社ハ合名會社又ハ合資會社ノ社員トナルモ差支ナキヤ

（決答）商事會社ハ一ノ法人ニシテ私法上ノ權利ノ主體タルコトヲ得ヘキモノナレハ他ノ合名會社若クハ合資會社ノ社員タルコトヲ得ヘキモノトス

第一節　合名會社

第一款　會社ノ設立

第七十四條　二人以上共通ノ計算ヲ以テ商業ヲ營ム爲メ金錢又ハ有價物又ハ勞力ヲ出資ト爲シテ共有資本ヲ組成シ責任其出資ニ止マラサルモノヲ合名會社ト爲ス

第七十五條　社名ニハ總社員又ハ其一人若クハ數人ノ氏ヲ用ヰ之ニ會社ナル文字ヲ附ス可シ

會社若シ現存セル他人ノ營業ヲ引受クルトキハ其舊商號ヲ續用スルコトヲ得ス

第七十六條　社員ノ退社シタル後ト雖モ從前ノ社名ヲ續用スルコ

トヲ得但退社員ノ氏ヲ社名中ニ續用セントスルトキハ本人ノ承諾ヲ受クルコトヲ要ス

第七十七條　會社ハ書面契約ニ因リテノミ之ヲ設立スルコトヲ得其契約書ハ總社員之ニ連署ス

右ノ規定ハ會社契約ノ變更ニ於テモ亦之ヲ遵守ス

第七十八條　會社ハ設立後十四日內ニ本店及ヒ支店ノ地ニ於テ其登記ヲ受ク可シ

第七十九條　登記及ヒ公告ス可キ事項左ノ如シ

第一　合名會社ナルコト

第二　會社ノ目的

第三　會社ノ社名及ヒ營業所

第四　各社員ノ氏名、住所

第五　設立ノ年月日

第六　存立時期ヲ定メタルトキハ其時期

第七　業務擔當社員ヲ特ニ定メタルトキハ其氏名

（一九）（質疑）　合名會社登記ニ付テハ商法中資本額届出テシムルノ規定ナシ然ルニ書式第七號記載例豫備欄ニ資本金何圓ト記シアリ右ハ必ス登記出願ノ際届出ヲ要スル儀ナリヤ

（決答）　合名會社資本額記入方ハ會社ノ申出アリタル場合ニ於テ記入スヘキモノトス

合名會社登記簿記載例

登記番號	第何冊第何丁ニ續ク	登記ノ年月日及登記官氏名印
第貳號		
第壹	一　社名	長野會社
		第一欄ヨリ第八欄迄何年何月何日登記 登記官 氏名印

社員
本所區外手町何番地岡田某
麴町區下二番町何番地長野某
牛込區通寺町何番地木村某
〃〃〃〃〃　〃〃〃
〃〃〃〃〃　〃〃〃

二	營業所	京橋區銀座三丁目二番地
三	會社ノ種類及本店又ハ支店	合名會社本店
四	會社ノ目的	呉服營業
五	會社設立ノ年月日	明治二十二年七月廿五日
六	會社設立時期	明治二十二年七月十五日ヨリ十五年
七	業務擔當社員ノ氏名	岡田某 長野某 木村某 以上何名

八
ノ氏名住所
、、、、、、　、、、、 、、、、、、　、、、、 以上何名

丁

九	解散ノ原由及其年月日	明治何年何月何日某裁判所ニ於テ破産ヲ宣告ス 明治何年何月何日登記 登記官氏名㊞

十	十一
精算人ノ氏名住所	豫備
京橋區銀座二丁目三番地 何 某 明治何年何月何日登記 官氏名印	會社ノ資本ハ金五十万圓トス大坂及名古屋ニ支店ヲ設クルノ計畫アリ 右何年何月何日登記 登記官氏名印

變更

登記番號	第貳號 第壹
第何冊第何丁ニ續ク	
登記ノ年月日及登記官氏名印	第一欄ヨリ第八欄迄明治何年何月何日登記 登記官氏名印

社員

東京本所區外手町岡田某
同麹町區下二番町七番地長野某
同牛込區通寺町何番地木村某
同神田區猿樂町何番地岸田某

一	社名	長野會社
二	營業所	東區安堂寺町一丁目
三	會社ノ種類及本店又ハ支店	合名會社支店
四	會社ノ目的	吳服營業
五	會社設立ノ年月日	明治二十二年七月廿五日
六	會社存立時期	明治二十二年七月二十五日ヨリ十五年
七	業務擔當社員ノ氏名	加藤某 山田某 以上何名

八
氏名住所
、、、、、、
、、、、、、
、、、、、、
以上何名
、、、、
、、、、
、、、、

丁

九	解散ノ原由	何年何月何日某裁判所ニ於テ破産ヲ宣告ス 明治何年何月何日登記

	十	十一
及其年月日	精算人ノ氏名住所	豫備
登記官氏名㊞	大坂東區今橋通二丁目五番地 河村某 明治何年何月何日登記 登記官氏名㊞	本店ハ東京銀座三丁目二番地ニ設ク社名ヲ長野會社ト云ヒ呉服營業ナリ 會社ノ資本金ヲ金五十万圓トス 本店ノ業務擔當社員ヲ岡田某長野某木村某ノ三名トス 右何年何月何日登記 登記官氏名㊞
	變	更

第八十條　前條ニ掲ケル一箇又ハ數箇ノ事項ニ變更ヲ生シ又ハ合意ヲ以テ變更ヲ爲シタルトキハ七日内ニ其登記ヲ受ク可シ

（二〇）（質疑）　合名會社支店閉鎖登記取消願出ツルモノアリ右ハ解散ニ準スヘキヤ變更ニ準スヘキヤ

（決答）　合名會社支店閉鎖ノ爲メ支店ニ付テ登記ノ取消ヲ願フハ登記手續上ヨリ云フトキハ登記變更欄内ニ記入スヘキモノナルヲ以テ變更トシテ取扱フヘキモノトス

第八十一條　會社ハ登記前ニ事業ニ著手スルコトヲ得ス之ニ違フトキハ裁判所ノ命令ヲ以テ其事業ヲ差止ム但其命令ニ對シテ即時抗告ヲ爲スコトヲ得

（二一）（質疑）　商業屆陳述書ハ商業及ヒ船舶ノ登記公告取扱規則第五條ニ依リ當事者之ニ署名捺印シテ差出スヘキモノナレ𪜈右ハ法人タル會社ニ在テハ會社其者即チ其商號ニ社印ヲ押捺シテ差出スヘキモノナリヤ又ハ會社ノ代表者タル社員若クハ業務擔當社員又ハ取締役ノ署名捺印ヲ以テ差出スヘキモノナリヤ

（決答）　右ハ商號ニ社印ヲ押捺シテ差出スヘキモノニアラス其會社ノ代表者タル社員若クハ業務擔當社員又ハ取締役ノ署名捺印ヲ以テ差出スヘキモノトス

（二二）（質疑）　商法第八十一條ノ場合ニ於テ裁判所ハ事業差止ノ命令ヲ爲シ抗告

期間經過スルモ會社ハ尙ホ事業着手ヲ繼續スルトキハ檢事ハ警察官ニ命令シ公力ヲ以テ事業着手ヲ差止ムルノ處分ヲ爲スコトヲ得ヘキヤ

(決答) 商法草案ニ於テハ裁判所ノ事業差止命令ニ從ハサル間ハ一日每ニ五圓以上五十圓以下ノ過料ニ處スル事ヲ得ヘシトノ明文アリシト雖モ確定法文ニハ右ノ規定削除セラレタルカ故ニ差止命令其モノニ付テハ特別ノ制裁ナキニ至レリ然レモ會社カ事業差止命令ニ從ハサル間ハ登記前ニ事業ニ着手シタルノ事實ハ尙ホ繼續スルヲ以テ幾回ニテモ第二百五十六條第二ノ過料ニ處スルコトヲ得ヘキモ公力ニ依リ事業着手ヲ差止メシムルコトヲ得ス

(一三)書式

事業差止命令原本(正本)

何、、、、、、、

何々(合名/合資/株式)會社

右會社事業差止事件ニ付當地方裁判所ハ業務擔當社員(取締役)何某ノ說明(及ヒ檢事ノ意見)ヲ聽キ之ヲ審査スルニ其會社ハ設立後未タ其登記ノ手續ヲ爲サス何年何月何日ヨリ何々事業ニ着手セシモノナルヲ以テ商法第八十一條(第百三十七條)(第百七十條)ニ依リ命令スルコト左ノ如シ

何々(合名/合資/株式)會社ノ事業ハ之ヲ差止ム

年　月　日

前同様

第八十二條　會社其登記ノ日ヨリ六个月内ニ事業ニ著手セサルトキハ其登記及ヒ公告ハ無効タリ

第二欵　會社契約ノ變更

第八十三條　會社契約ハ總社員ノ承諾アルニ非サレハ之ヲ變更スルコトヲ得ス其承諾ナキトキハ契約ノ從前ノ規定ニ從フ

第八十四條　會社契約ノ規定ニシテ會社ノ施行セサリシモノハ社員又ハ第三者ニ對シテ其効用ヲ致サシムルコトヲ得ス

第三欵　社員間ノ權利義務

第八十五條　社員間ノ權利義務ハ本法及ヒ會社契約ニ因リテ定マルモノトス

第八十六條　會社ノ目的ニ反セサルモ之ニ異ナル業務及ヒ事項ニ付テハ業務擔當ノ任アル總社員ノ承諾ヲ要ス

第八十七條　會社契約ノ規定ノ施行ニ關スル事項ハ業務擔當ノ任アル社員ノ多數ヲ以テ之ヲ決ス

第八十八條　會社ノ業務ヲ行ヒ及ヒ其利益ヲ保衞スルニ付テハ各社員同等ノ權利ヲ有シ義務ヲ負フ但會社契約ニ別段ノ定アルトキハ此限ニ在ラス

第八十九條　社員ノ議決權ハ其出資ノ額ニ應シテ等差ヲ立ツルコトヲ得ス

第九十條　業務擔當ノ任ナキ社員ハ何時ニテモ業務ノ實況ヲ監視

シ會社ノ帳簿及ヒ書類ヲ檢査シ且此事ニ關シ意見ヲ述フルコトヲ得

第九十一條　業務擔當ノ任アル各社員ハ代務ノ委任又ハ解任ヲ爲ス權利アリ

第九十二條　各社員ハ會社ニ對シ正整ナル商人ノ自己ノ事務ニ於テ爲スト同シキ勉勵注意ヲ爲ス責務アリ其責務ニ背キ會社ニ損害ヲ生セシメタルトキハ之ヲ賠償スルコトヲ要ス

第九十三條　社員ノ差入レタル金錢又ハ有價物ノ出資ハ契約ニ定メタル評價額ヲ附シテ會社ノ財產目錄ニ記入シ會社ノ所有ニ歸ス

第九十四條　社員其負擔シタル出資ヲ差入ルヽコト能ハサルトキハ除名セラレタルモノト看做ス但總社員ノ承諾ヲ得テ他ノ出資

ヲ差入ルルトキハ此限ニ在ラス
第九十五條　社員其負擔シタル出資ヲ差入レサルトキハ會社ハ之ヲ除名スルト會社契約ニ定メタル利息ヲ拂ハシムルトヲ擇ミ尚ホ其孰レノ場合ニ於テモ損害賠償ヲ求ムルコトヲ得
第九十六條　社員ハ契約上ノ額外ニ出資ヲ增シ又ハ損失ニ因リテ減シタル出資ヲ補充スル義務ナシ
第九十七條　社員ハ總社員ノ承諾ヲ得ルニ非サレハ其出資又ハ會社財產中ノ持分ヲ減スルコトヲ得ス
第九十八條　社員ハ總社員ノ承諾ヲ得ルニ非サレハ第三者ヲ入社セシメ又ハ第三者ヲシテ己レノ地位ニ代ハヲシムルコトヲ得ス
第九十九條　社員ヨリ他人ニ爲シタル持分ノ讓渡ハ會社及ヒ第三者ニ對シテ其効ナシ

第百條　社員其持分ニ他人ヲ加入セシムルトキハ其關係ハ共算商業組合ノ規定ニ依リテ之ヲ定ム

第百一條　社員カ會社ニ消費貸ヲ爲シ又ハ會社ノ爲メニ立替金ヲ爲シタルトキハ會社契約ニ定メタル利息ヲ求ムルコトヲ得又社員カ業務施行ノ爲メ直接ニ受ケタル損失ニ付テハ其補償ヲ求ムルコトヲ得

第百二條　會社契約ニ於テ明示ノ合意ナキトキハ社員ハ業務施行ノ勤勞ニ付キ其報酬ヲ求ムルコトヲ得ス然レトモ勞力ヲ出資ト爲シタル社員其負擔シタル出資外ニ爲シタル勞力ニ付テハ相當ノ報酬ヲ求ムルコトヲ得

第百三條　社員カ會社ノ爲メニ受取リタル金錢ヲ相當ノ時日內ニ會社ニ引渡サス又ハ會社ノ金錢ヲ自己ノ用ニ供シタルトキハ會

社ニ對シテ會社契約ニ定メタル利息ヲ拂ヒ且如何ナル損害ヲモ賠償スル義務アリ

第百四條　社員ハ總社員ノ承諾ヲ得ルニ非サレハ自己ノ計算ニテモ又第三者ノ計算ニテモ會社ノ商部類ニ屬スル取引ヲ爲シ又ハ之ニ與カルコトヲ得ス之ニ背キタルトキハ會社ハ其擇ニ從ヒ其社員ヲ除名シ又ハ其取引ヲ會社ニ引受ケ尙ホ其孰レノ場合ニ於テモ損害賠償ヲ求ムルコトヲ得

第百五條　各社員ノ會社ノ損益ヲ共分スル割合ハ契約ニ於テ他ノ準率ヲ定メサルトキハ其出資ノ價額ニ準ス出資ト爲シタル勞力ノ價額ヲ契約ニ於テ定メサルトキハ各般ノ事情ヲ斟酌シテ之ヲ定ム

第百六條　社員カ業務擔當ノ任ナクシテ業務擔當ノ所爲ヲ爲シ又

ハ會社ニ對シテ詐欺ヲ行ヒ又ハ其他會社ニ對シテ主要ノ責務ヲ甚シク缺キタルトキハ會社ハ之ヲ除名シ且損害賠償ヲ求ムルコトヲ得

第百七條　社員カ會社契約ニ依リ又ハ本法ノ規定ニ依リテ會社ノ爲メニ爲シタル總テノ行爲及ヒ取引ハ各社員互ニ之ヲ承認スル義務アリ

第四欵　第三者ニ對スル社員ノ權利義務

第百八條　會社ハ業務擔當ノ任アル社員ノ明示シテ會社ノ爲メニ爲シ又ハ事實會社ノ爲メニ爲シタル總テノ行爲ニ因リテ直接ニ權利ヲ得義務ヲ負フ

第百九條　會社ノ權利ハ業務擔當ノ任アル社員裁判上ト裁判外トヲ問ハス之ヲ主張シ又ハ有効ニ之ヲ處分スルコトヲ得

第百十條　第三者ニ對スル會社ノ義務ハ第三者ヨリ業務擔當ノ任アル各社員ニ對シテ其履行ヲ求ムルコトヲ得

第百十一條　業務擔當ノ任アル社員ノ代理權ニ加ヘタル制限ハ第三者ニ對シテ其効ナシ

第百十二條　會社ノ義務ニ付テハ先ツ會社財産之ヲ負擔シ次ニ各社員其全財産ヲ以テ連帶ニテ之ヲ負擔ス

第百十三條　社員ニ非スシテ社名ニ其氏ヲ表スルコトヲ承諾シ又ハ會社ノ業務ノ施行ニ與カリ又ハ事實社員タルノ權利義務ヲ有スル者ハ社員ト同シク連帶無限ノ責任ヲ負フ

第百十四條　商業使用人又ハ代務人ハ其給料ノ全部又ハ一分ヲ一定又ハ不定ノ利益配當ニ因リテ受クルモノト雖モ前條ノ者ト同視セス

第百十五條　新ニ入社スル社員ハ契約上他ノ定ナキトキハ其入社前ニ生シタル會社ノ義務ニ付テモ責任ヲ負フ

第百十六條　會社財產ニ屬スル物ハ社員ノ債權者其債權ノ爲メ之ヲ請求スルコトヲ得ス但差入前ニ於テ其物ニ付キ第三者ノ爲メ權利ノ設定セラレタルトキハ此限ニ在ラス

第百十七條　社員ノ債權者ハ社員自ラ要求シ得ヘキ利息又ハ配當金ノミヲ會社ニ對シテ要求スルコトヲ得然レトモ會社ノ持分ハ社員ノ退社又ハ會社解散ノ場合ニ非サレハ之ヲ要求スルコトヲ得ス

第百十八條　會社ニ對スル債務ト社員ニ對スル債權ト又會社ニ對スル債權ト社員ニ對スル債務トノ相殺ハ會社財產ノ分割前ニ在テハ之ヲ爲スコトヲ得ス

第百十九條　社員ノ持分ヲ減シタル爲メ會社ノ債權者カ其會社財產ヨリ得ヘキ辨償ヲ減損セラレ又ハ支障セラレタルトキハ減少ノ時ヨリ二个年內ニ在テハ其減少ニ對シテ異議ヲ述フルコトヲ得

第五欵　社員ノ退社

第百二十條　社員ハ會社契約カ有期ナルトキハ總社員ノ承諾ヲ要シ無期又ハ終身ナルトキハ其承諾ヲ要セスシテ任意ニ退社スルコトヲ得

其退社ハ六个月前ニ豫告ヲ爲シタル上事業年度ノ末ニ限ル但急速ニ退社ス可キ重要ノ事由アルトキハ此限ニ在ラス

第百二十一條　右ノ外社員ハ左ノ諸件ニ因リテ退社ス

第一　除名

第二　死亡但會社契約又ハ總社員ノ承諾ニ依リ相續人其他ノ承繼人死亡者ノ地位ニ代ハル可キトキハ此限ニ在ラス

第三　破產又ハ家資分散

第四　能力ノ喪失但特約ナキトキニ限ル

第百二十二條　社員退社スル每ニ會社ハ七日內ニ其理由ヲ附シタル登記ヲ受ク可シ

第百二十三條　會社ハ退社員ノ爲メ特ニ作リタル貸借對照表ニ依リ退社ノ時ノ割合ヲ以テ其持分ヲ退社員又ハ其相續人若クハ承繼人ニ拂渡スコトヲ要ス

退社前ノ取引ニシテ未タ結了セサルモノハ其結了ノ後之ヲ計算スルコトヲ得

第百二十四條　退社員ノ持分ノ價直ハ特約アルニ非サレハ其出資

ノ何種類タルヲ問ハス金錢ノミニテ之ヲ拂渡ス
勞力ノ出資又ハ其他退社ト共ニ終止スル出資ニ付テハ特約アル
ニ非サレハ之ニ對スル報償ヲ爲ス義務ナシ
第百二十五條　退社員ハ退社前ニ係ル會社ノ義務ニ付テハ退社後
二个年間仍ホ全財産ヲ以テ其責任ヲ負フ
第九十八條ノ場合ニ於テ第三者ヲシテ己レノ地位ニ代ハラシメ
タル者ニ付テモ亦前項ヲ適用ス

第六款　會社ノ解散

第百二十六條　會社ハ左ノ諸件ニ因リテ解散ス
　第一　會社存立時期ノ滿了
　第二　會社契約ニ定メタル解散事由ノ起發
　第三　總社員ノ承諾

第四　會社ノ破産

第五　裁判所ノ命令

第百二十七條　第六十七條ニ揭ケタル場合ノ外會社其目的ヲ達スルコト能ハス又ハ會社ノ地位ヲ維持スルコト能ハサルノ理由ヲ以テ一人又ハ數人ノ社員ヨリ會社ノ解散ヲ申立ツルトキハ裁判所ノ命令ヲ以テ之ヲ解散セシムルコトヲ得

會社ノ地位ヲ維持スルコト能ハサル場合ニ於テ會社ノ解散ニ換ヘテ或ル社員ヲ除名ス可キコトヲ他ノ總社員ヨリ相當ノ理由ヲ以テ申立ツルトキハ裁判所ノ命令ヲ以テ之ヲ除名スルコトヲ得

前二項ニ揭ケタル裁判所ノ命令ニ對シテハ即時抗告ヲ爲スコトヲ得

（二四）（書式）

會社解散命令原本（正本）

何ゝゝ何ゝゝ何番地
何々（合名合資）會社

右何會社解散事件ニ付當地方裁判所社員何某外何名ノ申立ニ因リ申立人（業務擔當員何某）ノ說明（及ヒ檢事何某ノ意見）ヲ聽キ之ヲ審査スルニ其會社ハ何々ノ事業ヲ目的トスルモ何々ノ事實ニ因リ其目的ヲ達スル能ハサル（其地位ヲ維持スルコト能ハサル）モノト認ムルヲ以テ商法第百二十七條（合資會社ノ時ハ第百三十七條適用）ニ依リ命令スルコト左ノ如シ

何々（合名合資）會社ハ解散スヘシ

年　月　日

某地方裁判所民事第何部
裁判長判事　何　某　印
判事　何　某　印
判事　何　某　印

（二五）（書式）　社員除名命令原本（正本）

前書式同樣

何府市町村番地
商事會社及共算商業組合、合名會社

四十二

何々（合名／合資）會社社員

何　某

右ノ者ニ對スル何會社々員除名事件ニ付當地方裁判所ハ他ノ總社員ノ申立ニ因リ其申立人及ヒ本人何某ノ説明（及ヒ檢事ノ意見）ヲ聽キ之ヲ審査スルニ申立人ノ請求即チ會社ノ地位ヲ維持スル爲メ會社ノ解散ニ換テ何某ヲ社員ヨリ除名スヘキ請求ヲ至當ト認ムルヲ以テ商法第百二十七條第二項（第百三十七條第百二十七條第二項）ニ依リ會社ノ解散ニ換ヘ命令スルコト左ノ如シ

年　月　日

……………

……………

……………

前同樣

第百二十八條　第百二十六條ノ第一號第二號ニ記載シタル場合ニ於テハ總社員又ハ社員ノ一分ニテ會社ヲ保續スルコトヲ得但社員ノ一分ニテ保續シタルトキハ其離脱シタル社員ハ退社シタル

モノト看做ス

第百二十九條　會社解散スルトキハ破産ノ場合ヲ除ク外總社員ノ多數決ヲ以テ清算人一人又ハ數人ヲ任シ七日內ニ解散ノ原由、年月日及ヒ清算人ノ氏名、住所ノ登記ヲ受ク可シ

（二六）（質疑）　會社破産ニ因リ解散シタルトキト雖モ他ノ原由ニ因リ解散シタル場合ト同シク登記公告ヲ爲スハ必要ナルヘシ然ルニ商法第百二十九條第二百三十四條ニ於テ特ニ此場合ヲ除キタルハ同法第九百七十九條以下ニ於テ規定シタル公告ノ方法アルヲ以テ登記ヲ必要トナササル趣意ナルヤ若シ又登記ヲ爲スヘキモノトセハ如何ナル手續ヲ以テ登記ヲ受クヘキモノナルヤ

（決答）　會社破産ニ因リ解散シタル場合ニ於テハ商法第九百七十九條以下ニ於テ規定シタル公告ノ方法アルヲ以テ別ニ登記ヲ爲スヲ要セサルナリ

（二七）（質疑）　合資會社解散ノ後清算人ヲ立ツルマテノ間ハ義務支拂ハ業務擔當人ニ於テ之ヲ爲スヘキヤ若シ否ラストセハ其間支拂ヲ爲サヾリシトテ支拂停止ト云フコトヲ得サルヤ否ヤ

（決答）　會社解散ノ効力ヲ第三者ニ對シテ生スルハ商法第百三十七條第百二十九

條ニ從ヒ清算人ヲ任シ解散ノ登記ヲ爲ストキニアルモノトス故ニ未タ清算人ヲ任セス登記ヲ爲ササル間ハ會社ノ代理權尙ホ從來ノ業務擔當人ニ存セリト斷定セサルヘカラス從テ業務擔當人ハ清算人ヲ立ツルマテノ間義務支拂ヲ爲スヘキモノトス

第百三十條　清算人ハ會社ノ現務ヲ結了シ會社ノ義務ヲ履行シ未收ノ債權ヲ行用シ現存ノ財產ヲ賣却ス又清算人ハ清算ノ目的ヲ超エテ營業ヲ保續シ又ハ新ニ取引ヲ爲スコトヲ得ス又清算人ハ裁判上會社ヲ代理シ且會社ノ爲メ和解契約及ヒ仲裁契約ヲ爲スコトヲ得

第百三十一條　清算人ノ權ハ社員之ヲ制限スルコトヲ得ス且重要ナル事由ニ基ク社員ノ申立ニ因リ裁判所ノ命令ヲ以テスルニ非サレハ之ヲ解任スルコトヲ得ス但其命令ニ對シ即時抗告ヲ爲スコトヲ得

第百三十二條　清算人ハ委任事務ヲ履行シタル後社員ニ計算ヲ報告シ第百五條及ヒ第百二十四條ノ規定ニ準シ會社財産ヲ社員ニ分配ス又清算中ト雖モ自由ト爲リタル財産ハ之ヲ社員ニ分配スルコトヲ得

第百三十三條　社員ニ分配ス可キ物ハ會社ノ總テノ義務ヲ濟了スルニ要セサル會社財産ニ限ル

第百三十四條　解散シタル會社ノ商業帳簿及ヒ其他ノ書類ハ社員第三十四條ノ規定ニ從ヒ之ヲ處分ス

第百三十五條　會社ノ義務ニ對スル社員ノ無限責任ハ其義務ニ付キ五个年未滿ノ時効ノ定ナキトキニ限リ解散後五个年ノ滿了ニ因リテ時効ニ罹ル但債權者カ未タ分配セラレサル會社財産ニ對シテ請求ヲ爲ストキハ此限ニ在ラス

第二節　合資會社

第百三十六條　社員ノ一人又ハ數人ニ對シテ契約上別段ノ定ナキトキハ社員ノ責任カ金錢又ハ有價物ヲ以テスル出資ノミニ限ルモノヲ合資會社ト爲ス

第百三十七條　合資會社ハ本節ニ定メタル規定ノ外總テ合名會社ノ規定ニ從フ

（三八）（質疑）　本邦人清國某所ニ於テ合資會社ヲ設立シ本邦某地ニ支店ヲ設ケ商業ヲ營マントスルトキハ其支店ノ登記ヲ受クルハ勿論ナレトモ其清國ニ於ケル本店モ等シク登記ヲ受クヘキ乎果シテ然レハ其手續ハ如何スヘキヤ

（決答）　清國朝鮮國ノ如ク我ニ治外法權アル外國ニ於テハ本邦人ノ設立セル會社ヲシテ我商法ノ規定ニ遵據セシムルハ當然ナレトモ外國ニ於ケル會社登記手續ニ關シテハ未タ何等ノ規程アラサルヲ以テ實際上會社ヲシテ登記セシムルコトヲ得サルナリ

第百三十八條　合資會社ノ登記及ヒ公告ニハ第七十九條ノ第一號

乃至第六號ニ列記シタルモノノ外尚ホ左ノ事項ヲ掲クルコトヲ要ス

第一　合資會社ナルコト

第二　會社資本ノ總額

第三　各社員ノ出資額

第四　無限責任社員アルトキハ其氏名

第五　業務擔當社員ノ氏名

（二九）（質疑）　會社存立ノ時期ナキトキ及ヒ業務擔當社員ヲ定メサルトキニハ會社登記簿中各欄ニ朱線ヲ以テ抹却シ置クヘキカ若クハ特定セサル旨ヲ記載スヘキヤ且何レニスルモ一欄ヨリ八欄マテノ登記ト見做スヘキヤ

（決答）　會社存立ノ時期ナキトキ及ヒ業務擔當社員ヲ定メサルトキハ登記簿ヲ抹却セス其旨ヲ記載シ置クヲ可トス

（三〇）（質疑）　合資會社ニシテ社員三千五百八人アリ一日公告スルモ公告料ノ費用八十圓ヲ要ス右ハ社員誰外何名トシ公告スルモ差支ナキヤ

（決答）　商法第百三十八條及ヒ第七十九條ノ明文ニ依リ社員ノ氏名ハ必ス登記公告スヘキモノニ付キ社員ノ氏名ハ之ヲ省略スルコトヲ得ス

（三一）（質疑）　合資會社登記ノ變更ヲ爲スニ當リ社員增減ノ場合ニ於テハ其理由ヲ變更欄ニ記シ而シテ增員ニ付テハ更ニ社員氏名出資額責任ノ用紙ニ記入シ減員ノ場合ニ於テハ前記入ヲ抹消スヘキモノナリヤ

（決答）　合資會社員增員ノ場合ニ於テハ資本總額ニ變更アルヘキニ付キ變更欄內ニ記入ヲ爲シ且出資額責任ノ用紙ニ其記入ヲ爲ス又減員ノ場合ニ於テハ前段ノ例ニ從ヒ資本總額ニ變更アルトキハ其變更欄內ニ記入ヲ爲シ且出資額責任用紙ノ部ニ於テハ前記入ヲ抹消シタル上其欄內ニ事由ヲ記載シ登記官署名捺印スヘシ又資本額ニ變更ナキトキハ責任用紙ノミニ右ノ抹消及ヒ記入ヲ爲スヘシ

（三二）（質疑）　合資會社支店登記ノ場合ニ於テ書式中第五項ニ資本總額ノ記入アレトモ右ハ本店ノ資本總額ヲ再記セルモノナリヤ

（決答）　右ハ本店ノ資本總額ヲ記入スヘキモノトス

（三三）（質疑）　合資會社登記簿書式中社員氏名出資額責任トアル用紙ハ該簿ノ末尾ニ相當ノ員數取纏メ綴ルヘキモノナリヤ又ハ一用紙中ニ包含スルモノナリヤ

（決答）　合資會社登記簿書式中社員氏名出資額責任トアル用紙ハ相當ノ員數取纏

メ簿冊ノ末尾ニ編綴スヘキモノトス

（三四）（質疑）　合資會社登記簿中社員氏名出資額責任用紙ハ相當ノ員數ヲ積算シ該登記簿末尾ニ編冊スヘキモノトスルモ右社員ノ員數ハ豫知スルヲ得サルヲ以テ該用紙ト初用紙（則チ一號乃至十二號登錄スヘキモノ）トハ常ニ必用盡用ノ期ヲ同フセサルモノナリ從テ簿冊取扱上幾多ノ不便ヲ感スルノ觀ナシトセス故ニ特ニ社員氏名出資額責任用紙ニ限リ別冊トシ調製スルモ差支ナキ乎

（決答）　合資會社登記簿ノ調製ハ相當ノ員數ヲ取纏メ綴ルヘキモノニシテ司法省令第八號取扱規定ニ依ルモ出資額責任ノ簿冊ヲ別ニ設クヘキモノニアラス

合資會社登記簿記載例

登記番號	第貳號 第壹	第何冊第何丁ニ續ク
	登記ノ年月日及登記官氏名印	第一欄ヨリ第九欄迄明治何年何月何日登記　登記官氏名㊞
一	社名	兩得合資會社
二	營業所	日本橋區人形町三丁目三十五番地
九	社員氏名出資額責任記載ノ丁數	二百丁
十	解散ノ原由及年月日	明治何年何月何日登記　登記官氏名㊞
十	清算人ノ氏名	明治何年何月何日登記

三	會社ノ種類及本店又ハ支店	合資會社本店
四	會社ノ目的	製茶業
五	資本總額	金三万八千圓
六	會社設立年月日	明治二十二年十二月十五日
七	會社存立時期	明治三十一年十二月三十一日迄
八	業務擔當社員ノ氏名	波多野某 平山某 坂井某 以上何名

一 住所	十二 豫備
登記官氏名㊞	

五丁

變	
(ハ)明治二十三年一月十日改選ニ依リ業務擔當社員ハ左ノ三名ト交替ス 石田某 竹井某 前田某	
變	

更

右何年何月何日登記
登記官氏名㊞

更

登記番號

第貳號 第壹

第何冊第何丁ニ續ク

登記ノ年月日及登記官氏名印

第一欄ヨリ第九欄迄明治何年何月何日登記
登記官氏名㊞

九
社員氏名出資額貴任記載ノ丁數
何丁

十
解散ノ原由及年月日
明治何年何月何日登記
登記官氏名㊞

一	社名	兩得合資會社
二	營業所	横濱高島町一丁目二十五番地
三	會社ノ種類及本店又ハ支店	合資會社支店
四	會社ノ目的	製茶業
五	資本總額	金三万五千圓
六	會社設立ノ年月日	明治二十二年十二月廿五日
七	會社存立時期	明治卅一年十月三十一日迄
八	業務擔當社員ノ氏名	
十一	清算人ノ氏名住所	明治何年何月何日登記 登記官氏名㊞
十二	備考	本店兩得社ハ製茶ヲ業トシ東京市神田豊島町二丁目三十五番地ニアリ 本社資本金三万五千圓ナリ

丁

登記番號	第貳號第壹	第何冊第何丁ニ續ク
何々合資會社		

山梨縣西巨摩郡猿橋驛山田町百五十七番地
金壹万參千五百圓無限　猿田某

變更

(五)二名入社ニ付資本金壹万二千圓增加

右何年何月何日登記
登記官氏名㊞

變更

神奈川縣南多摩郡八王子町百廿五番地
金參万二千五百圓無限　波多野某

東京府南豊島郡上落合村二百三十五番地
金千五百圓無限　石原某

東京市神田區五軒町三丁目三十五番地
金五百圓有限　伊藤某

東京市本所區外手町二十番地
金千圓有限　岡野某

東京市麻布區簞笥町二番地
金八百圓有限　村田某

東京市四ッ谷區何町一番地
金千貳百圓無限　石津某

東京市日本橋區小網町一丁目三十番地
金壹万二千六百圓無限　平野某

東京市京橋區彌左衛門町一丁目三十八番地
金千圓無限　田口某

右何年何月何日登記
登記官氏名㊞

社員氏名出資額責任

二百丁

（三五）　書式　　檢査證書

五十六

何市町村何番地

何々株式會社

某地方裁判所ノ検査命令ニ依リ明治何年何月日右會社ニ出張シ事業ノ實況財産ノ現狀ヲ検査セリ其顛末及ヒ何々役員何某ノ供述左ノ如シ

本會社ハ資本金何十万圓ニシテ何万株ヲ以テ組織シタル何事業ヲナス株式會社ナリ

株式拂込高何程

諸帳簿ハ總テ整理シアリ（或ハ何帳簿ハ存在セス或ハ存在スルモ記載方明確ナラス）

金銀紙幣何万圓金庫又ハ其他ニ現存セリ

諸有價證劵何枚此記載金額何万圓

總貸方高何万圓（各種類及ヒ其金額）

總借高何程（前同様）

動産不動産何程

取締役某ノ供述

監査役某ノ供述

其他各事項ニ付役員ノ供述ヲ聽キタルトキハ必要ノ摘示ヲ各事項ニ記入スヘシ
會社ノ事業及ヒ業務ノ現況ヲ略記スヘシ
本調書ハ會社營業所ヽヽヽヽヽ於テ之ヲ作成シ署名捺印ス
年　月　日
判事　ヽヽヽヽ
書記　ヽヽヽヽ

第百三十九條　社名ニハ社員ノ氏ヲ用ユルコトヲ得ス但無限責任社員ノ氏ハ此限ニ在ラス又社名ニハ何レノ場合ニ於テモ合資會社ナル文字ヲ附ス可シ
若シ社名ニ社員ノ氏ヲ用井タルトキ其社員ハ此カ爲メ當然會社ノ義務ニ對シテ無限ノ責任ヲ負フ

第百四十條　無限責任ノ社員業務擔當社員ヲ除ク外社員ハ自己ノ計算又ハ第三者ノ計算ニテ會社ノ商部類ニ屬スル取引ヲ爲シ又

ハ之ニ與カルコトヲ得

第百四十一條　業務擔當社員ノ選任及ヒ解任ハ總社員四分三以上ノ多數決ニ依ル

第百四十二條　業務擔當社員ハ會社契約ニ依リ一定ノ無限責任社員ノミヲ以テ之ニ充ツルコトヲ得

第百四十三條　業務擔當社員ハ裁判上ト裁判外トヲ問ハス總テ會社ノ事務ニ付キ會社ヲ代理スル專權ヲ有ス然レトモ會社契約又ハ會社ノ決議ニ依リテ覊束セラル

數人ノ業務擔當社員又ハ取締役アル場合ニ於テ各別ニ業務ヲ取扱フコトヲ得ルモノタリヤ又ハ其總員若クハ數人共同ニ非サレハ之ヲ取扱フコトヲ得サルモノタリヤハ會社契約又ハ會社ノ決議ヲ以テ之ヲ定ム

第百四十四條　業務擔當社員ノ代理權ニ加ヘタル制限ハ善意ヲ以テ之ト取引ヲ爲シタル第三者ニ對シテ其効ナシ
第百四十五條　有限責任社員ハ業務擔當社員ノ認可ヲ得テ其持分ヲ他人ニ讓渡スコトヲ得此場合ニ於テハ取得者ハ讓渡人ノ權利義務ヲ襲承ス
第百四十六條　業務擔當社員ハ其業務施行中ニ生シタル會社ノ義務ニ付キ連帶無限ノ責任ヲ負フ
第百四十七條　前條ニ揭ケタル連帶無限ノ責任ハ業務擔當社員ノ退任後二个年ノ滿了ニ因リテ消滅ス
第百四十八條　業務擔當社員ハ每年少ナクトモ一回通常總會ヲ招集シ其他業務擔當ノ任アル社員又ハ取締役ニ於テ必要ト認ムルトキ又ハ總社員四分一以上ノ申立アルトキハ臨時總會ヲ招集ス

可シ

第百四十九條　總會ヲ招集スルニハ會日ヨリ少ナクトモ七日前ニ各社員ニ會議ノ目的ヲ通知シ及ヒ提出ス可キ書類ヲ送付スルコトヲ要ス

第百五十條　事業年度ノ終リタル後直チニ通常總會ヲ開キ其年度ノ貸借對照表及ヒ事業竝ニ其成果ノ報告書ヲ社員ニ提出シテ撿査及ヒ認定ヲ受ク其認定ハ出席社員ノ多數決ニ依ル

第百五十一條　臨時總會ニ於テ議ス可キ事項ハ總社員ノ過半數ヲ以テ之ヲ決ス

然レトモ合名會社ニ在テ總社員ノ承諾ヲ要ス可キ事項ハ總社員四分三以上ノ多數ヲ以テ之ヲ決ス此場合ニ於テハ不同意ノ社員ハ直チニ退社スル權利アリ

第百五十二條　前條ニ掲ケタル決議ニ要スル定數ノ社員出席セサルトキハ其總會ニ於テ假ニ決議ヲ爲スコトヲ得此場合ニ於テハ其決議ヲ總社員ニ通知シテ再ヒ總會ヲ招集ス其通知ニハ若シ第二ノ總會ニ於テ出席社員ノ多數ヲ以テ第一ノ總會ノ決議ヲ認可シタルトキハ之ヲ有効ト爲ス可キ旨ヲ明告スルコトヲ要ス

第百五十三條　利息又ハ配當金ハ會社資本額カ損失ニ因リテ減シタル間ハ之ヲ社員ニ拂渡スコトヲ得ス

第三節　株式會社

第一欵　總則

第百五十四條　會社ノ資本ヲ株式ニ分チ其義務ニ對シテ會社財産ノミ責任ヲ負フモノヲ株式會社ト爲ス

(三六)(上告論旨)　上告第一點ノ論旨ハ現今本邦ニ行ハルヽ會社タルヤ特別ナル

法律ノ規定ニ遵テ設立シタルモノニアラサレハ法律上無形人トシ之ヲ有限責任ト爲スコトヲ得ス然ルニ原院カ本件被上告人等ノ組織シタル官衙御用達會社ニ於テ社則定款ヲ定メ有限責任タルコトヲ揭ケテ東京府廳ニ屆出タルノミヲ以テ輙チ有限責任ノ會社ナリト判斷シタルハ違法ナリト云フニ在リ又上告擴張論旨ノ第一點ハ原院ニ於テ上告人ハ當初ヨリ官衙用達會社ノ有限責任タルコトヲ認メテ取引シタルニアラサルコトヲ主張シタルニ原院カ此點ニ對シ判定セサルハ違法ナリト云フニ在リ

（判決要領）　案スルニ凡ソ會社ハ國立銀行等ノ如ク特別ノ法規アルモノヽ外人民相互ノ契約ヲ以テ結社スルモノハ相當ノ方法ヲ以テ其組織ヲ公示スル歟又ハ社外人ト結約スルニ當リ特ニ之ヲ明示スルニアラサルヨリハ假令會社ノ約款ニ有限責任タルコトノ規定アルモ其効力ヲ社外人タル結約者ニ及ホスコトヲ得ス而シテ會社ノ規約ヲ所轄地方廳ニ屆出ツルハ是レ唯結社營業ノ認許ヲ受クル手續ナルノミ之ヲ以テ其會社ノ組織ヲ世上一般ニ對シ公示シタルモノト爲スニ足ラス然レハ被上告人等カ曾テ本訴會社ノ有限責任タルヲ公示シタルコトナク又特ニ上告人ニ對シ結約ノ當時之ヲ明示シタル事實ナキニモ拘ラス原院カ單ニ本訴會社ノ規約ヲ東京府廳ニ屆出テタルコトノミヲ理由ト爲シ有限責任ノ會社ナリ

ト認定シテ判決ヲ與ヘタルハ即法則ヲ適用セサル不法ノ裁判ニシテ破毀スヘキ原由アルモノトス（明治廿六年三月十一日大審院判決上告人進藤眞次郎被告人相亘長發外一人）「本件ハ參照ノ爲メニ掲ク」

第百五十五條　株式會社ハ其目的カ商業ヲ營ムニ在ラサルモ商事會社總則、本節及ヒ次節ノ規定ニ從フ

第百五十六條　株式會社ハ七人以上ヲ以テシ且政府ノ免許ヲ得ルニ非サレハ之ヲ設立スルコトヲ得ス

第二款　會社ノ發起及ヒ設立

第百五十七條　株式會社ハ四人以上ニ非サレハ之ヲ發起スルコトヲ得ス

發起人ハ目論見書及ヒ假定款ヲ作リ各自之ニ署名捺印ス

定款ハ本法ノ規定ニ牴觸スルコトヲ得ス

第百五十八條　目論見書ニ記載ス可キ事項左ノ如シ

第一　株式會社ナルコト
第二　會社ノ目的
第三　會社ノ社名及ヒ營業所
第四　資本ノ總額、株式ノ總數及ヒ一株ノ金額
第五　資本使用ノ概算
第六　發起人ノ氏名住所及ヒ發起人各自ノ引受クル株數
第七　存立時期ヲ定メタルトキハ其時期

第百五十九條　發起人ハ會社ヲ設立ス可キ地ノ地方長官ヲ經由シテ目論見書及ヒ假定款ヲ主務省ニ差出シ發起ノ認可ヲ請フコトヲ要ス

（三七）（質疑）　商法第百五十九條又ハ第百六十六條ニ依リ會社發起ノ認可申請書又ハ會社設立ノ免許ヲ請フ申請書ハ一般ノ書式アルモノナリヤ若シ之レナシトセハ概子ノ書例如何

（決答）　會社發起認可ノ申請書又ハ會社設立ノ免許ヲ請フ申請書ノ一般ノ書式トテハ之レナシト雖モ大略左ノ書式ニ依ルヲ例トス但免許ヲ請フ申請書ノ書式モ認可申請書ノ例ニ異ナルコトナシ故ニ略ス

株式會社發起認可申請書

何縣何國何郡何村何番地華士族又ハ平民
何　某
何縣何國何郡何村何番地華士族又ハ平民
何　某
何縣何國何郡何村何番地華士族又ハ平民
何　某
何縣何國何郡何村何番地華士族平民
何　某
、、
、、、、

右拙者共儀今般何々ノ目的ヲ以テ何縣何市何町目何番地ニ於テ何會社設立ノ議發起致シ度候間御認可相成度別紙目論見書及假定款相添此段申請仕候也

年　月　日

右

何　　某　印

何　　某　印

何　　某　印

、、、、、

、、、、、

農商務大臣誰殿

（別紙）

何々株式會社目論見書

第一　本會社ハ株式會社ノ組織ニ由ル

第二　本會社ハ日本帝國ト海外諸國トノ間ニ直接貿易ノ途ヲ開キ彼我ノ物産ヲ賣買スルヲ以テ目的トシ先ツ第一着トシテ何々州地方ト通商スルモノトス云々ノ類

第三　本會社ハ何々會社ト名ツケ本店ヲ東京又ハ何縣何市何町目何番地ニ設置シ支店ヲ某所々々ニ置ク

第四　本會社ノ資本金總額ハ何百何万圓トシ之ヲ何千株ニ分チ一株ヲ何圓トス

第五　本會社ノ主トシテ輸出スルモノハ綿布石炭生銅摺附木等云々トス

第六　資本使用ノ概算

一　資本金何百万圓

内

金何万圓　　創業費一式

金何万圓　　營業元資

内

金何千圓　　輸出元資

金何千圓　　輸入品元資

、、、　　、、、、

第七　本會社ノ存立期限ハ設立免許ノ日ヨリ滿何ケ年トス

第八　本會社發起人ノ氏名住所竝ニ各自ノ引受ケタル株數ハ左ノ如シ

發起人ノ引受株	住所	氏名
三百五十株	東京市神田區錦町何番地	岡田某
三百株	同市京橋區銀坐三丁目五番地	山縣某

二百五十株	東京市淺草區小島町八番地	河野某
百株	京都市三條上ル何番地	佐々木某
〃	〃	〃

（別紙）

日本何々株式會社假定款

第一章　總則

第一條　本會社ハ資本ヲ金何万圓トシ之ヲ株式ニ分チ株式會社トス

第二條　本會社ハ何々株式會社ト稱ス

第三條　本會社ハ本店ヲ東京又ハ何縣何市何町何番地ニ設ケ支店ヲ何縣何市何町何番地ニ置ク

第四條　本會社ノ責任ハ有限ニシテ損失ノ支拂竝ニ義務辨濟ノ負擔ハ本會社ノ財產限リニ止マルモノトス云々

第五條　本會社ニ於テ使用スル印章ハ左ノ雛形ニ依ル

一寸五分

何々會	社之印

一寸五分

一寸五分

何々會社	會計之印

七分

第六條　本社ノ營業規則及處務規程等ハ定款ニ遵據シ取締役會議ニ於テ議定シ監査役ノ協賛ヲ經テ實施ス云々

第二章　株式及株金拂込

第七條　本會社ノ資本金何万圓ヲ何千株ニ分チ一株金何圓トス

第八條　本會社ノ株券ハ一枚ニ付キ一株ト拾株トノ二種トス

第九條　本會社株金ノ拂込ハ最初株式申込ノ際其證據金トシ一株ニ付キ金一圓本會社設立免許ノ當時第一回分金何圓ヲ拂込ムヘシ云々

第十條　株主ニ於テ株金拂込期日迄ニ入金ヲ爲サス期日後ニ入金スルトキハ其延滯日數ニ應シ元金百圓ニ付キ一日金何程日歩ノ割合ヲ以テ延滯利息ヲ出サシム等

第三章　株式賣渡讓渡

第十一條　本會社ハ株主名簿ヲ備ヘ左ノ事項ヲ記載スヘシ

一　各株主ノ氏名住所

二　各株主所有ノ株式ノ數及株劵ノ番號

三　拂込ミタル金額

四　株式ノ所得及讓渡年月日

第十二條　本會社ノ株式ハ外國人ヲ除ク外何人ニモ之ヲ賣渡讓渡スルコトヲ得

等

第四章　役員及其選擧

第十三條　本會社ニ左ノ役員ヲ置ク

社　長　一名

取締役　三名乃至五名

監查役　二名

支配人　何名

、、、　、、、

第十四條　、、、、、、、、、、、、、、、、、、、

第十五條　役員ノ任期ハ左ノ如シ

社　長	五年
取締役	二年半
監査役	一年半
支配人	無期限
其他ノ者	

第十六條　、、、、、、、、、、、、、、、、、

第十七條　役員中社長取締役監査役ハ株主總會ニ於テ記名投票ヲ用ヰ株主中ヨリ之ヲ選擧シ支配人々々ハ社長之ヲ專任スノ類

第十八條　社長取締役監査役ニ選擧セラルヽ者ハ選擧期日前六ケ月以上本會社ノ株主タリシコトヲ要スノ類

第十九條　取締役ハ本會社ノ株券五十株以上有スル者ニアラサレハ之ヲ選擧スルコトヲ得スノ類

第五章　役員職務及ヒ責任

第二十條　社長ハ會社全般ヲ管掌シ云々ノ類

第二十一條　取締役ハ總テ會社ノ事務ニ付キ會社ヲ代理ス云々ノ類

第二十二條　監査役ハ取締役ノ業務施行ヲ監視シ計算書貸借對照表ヲ檢査スル

等ノ類
第二十三條　支配人ハ社長取締役ノ命ヲ受ケ云々スル類
第二十四條　社長取締役監査役云々ノ事項ニ付キ會社ニ對シ何々ノ責ニ任スノ類

第六章　會議

第二十五條　本會社ノ總會ハ毎年一月七月ノ二期ニ開キ臨時會ハ云々スルノ類
第二十六條　總會ノ招集ハ會日前二十日以內ニ會議ノ目的及ヒ事項ヲ示シ通知スルノ類
第二十七條　定欵ノ變更ヲ要スルトキハ云々スルノ類
第二十八條　株主ノ議決權ハ一株毎ニ一個タルコト但十一株以上ヲ有スル者ノ議決權ハ其十一株以上ノ株ニ對シテハ五株毎ニ一個トスルノ類

第七章　計算及配當

第二十九條　取締役ハ毎年何月何日限リ會社事業全般ノ計算書ヲ作リ云々スルノ類
第三十條　株主ハ其計算ニ付キ不審ノ廉アルトキハ云々スルノ類
第三十一條　會社ノ利益金ハ之ヲ十分シ其二分ハ會社何々ノ爲メ積立置キ其何

分ヲ株式ニ應シ配當ス云々ノ類

第八章　本會社ノ存立期

第三十二條　本會社ハ設立免許ノ日ヨリ滿何ヶ年トシ支店ハ云々スルノ類

第九章　附則

此定欵ニ基キ初メテ社長取締役監査役ヲ選擧スル場合ニ限リ第十八條規定中六ヶ月以上ノ資格ハ要セサル者トス云々ノ類

發起人　何　某

何　某

何　某

何　某

年　月　日

第百六十條　發起人ハ前條ノ認可ヲ得タルトキハ目論見書ヲ公告シテ株主ヲ募集スルコトヲ得其公告中ニハ法律ニ規定シタル發起ノ認可ヲ得タル旨及ヒ其認可ノ年月日ト各株式申込人ニ假定欵ヲ展閲セシムル旨トヲ附記ス

第百六十一條　株式ノ申込ヲ爲スニハ申込人其引受クル株數ヲ株式申込簿ニ記入シテ之ニ署名捺印ス又其申込ハ署名捺印シタル陳述書ノ送付ヲ以テ之ヲ爲スコトヲ得
代人ヲ以テ申込ムトキハ委任者ノ氏名ニ代人其氏名ヲ附記シテ之ニ捺印ス

第百六十二條　株式ノ申込ニ因リテ申込人ハ會設社立スルニ至レハ定款ニ從ヒ各株式ニ付テノ拂込ヲ爲ス可キ義務ヲ負フ

第百六十三條　總株式ノ申込アリタル後ハ發起人ハ創業總會ヲ開ク可シ其總會ニ於テハ少ナクトモ總申込人ノ半數ニシテ總株金ノ半額以上ニ當ル申込人ノ承認ヲ經テ定款ヲ確定ス

第百六十四條　創業總會ニ於テハ創業ノ爲メ發起人ノ爲シタル契約及ヒ出費ノ認否ヲ議定シ又有價物ノ出資ヲ差入レテ株式ヲ受

ク可キ者アルトキハ其價格ヲ議定ス

前項ノ議定ハ少ナクトモ總申込人ノ半數ニシテ總株金ノ半額以上ニ當ル申込人出席シ其議決權ノ過半數ニ依リテ之ヲ爲ス

第百六十五條　其他創業ニ總會於テハ取締役及ヒ監査役ヲ選定ス

第百六十六條　創業總會ノ終リシ後發起人ハ地方長官ヲ經由シテ主務省ニ會社設立ノ免許ヲ請フ其申請書ニハ左ノ書類ヲ添フ可シ

第一　目論見書及ヒ定欵

第二　株式申込簿

第三　發起ノ認可證

第百六十七條　會社設立ノ免許ヲ得タルトキハ發起人其事務ヲ取締役ニ引渡ス可シ

取締役ハ速ニ株主ヲシテ各株式ニ付キ少ナクトモ四分一ノ金額ヲ會社ニ拂込マシム

第百六十八條　會社ハ前條ニ掲ケタル金額拂込ノ後十四日内ニ目論見書、定欵、株式申込簿及ヒ設立免許書ヲ添ヘテ登記ヲ受ク可シ

登記及ヒ公告スヘキ事項ハ左ノ如シ

第一　株式會社ナルコト

第二　會社ノ目的

第三　會社ノ社名及ヒ營業所

第四　資本ノ總額、株式ノ總數及ヒ一株ノ金額

第五　各株式ニ付キ拂込ミタル金額

第六　取締役ノ氏名住所

第七　存立時期ヲ定メタルトキハ其時期
第八　設立免許ノ年月日
第九　開業ノ年月日
裁判所ハ會社ヨリ差出シタル書類ヲ登記簿ニ添ヘテ保存ス
（三八）（質疑）　既設ノ國立銀行（日本銀行正金銀行國立銀行）ノ如キ即チ商法施行前ニ於テ特別ノ法律ニ依リ設立セラレタルモノト雖モ都テ商法第百六十八條ノ登記ヲ受クヘキモノナリヤ
又從前各銀行ニ於テ官金取扱又ハ地方税爲換方トシテ出張所ヲ設クル者アリ右ハ一定ノ場所ニ於テ常時銀行ノ營業ヲ爲スモノ（單ニ國庫金ノミヲ取扱ノ派出所ヲ除ク）ナレハ都テ其支店ト見做シ是亦商法第百六十九條ノ登記ヲ受クヘキモノナリヤ
（決答）　商法第百六十八條ニ規定シタル登記ノ手續ハ既設國立銀行（日本銀行正金銀行國立銀行）ニ於テ均シク之レヲ履行スルヲ要ス特トリ日本銀行ノ如キハ役員ノ性質ニ於テ他ノ各銀行ト相異ナルモノアリト雖モ爲メニ其商社タルノ性質ヲ變スヘキニ非サルカ故ニ敢テ他ノ諸銀行ト別論スヘキモノニアラス又此等既設ノ會社中ニハ

特ニ條例ノ設ケアルモノアリト雖モ普通法即チ商法ノ支配ハ廣ク此等特別法ノ外ヲモ包括スヘキニ依リ其條例ノ明文アルモノ竝ニ商法施行條例ニ於テ除外トシタルモノヽ外ハ都テ商法ノ原則ニ遵ハサルヲ得ス右ノ國立銀行ニ付キ登記ノ手續ヲ履行スルハ即チ此原則ヲ遵奉スルモノナリ日本銀行ノ如キハ法律ニ由テ設定シタルモノナレハ他ノ人民相互ノ契約ニ由テ成立スルモノトハ甚タ相異リ故ニ全ク登記法ニ遵フヘキニ非ラスト云ヘルノ說アリト雖モ日本銀行條例ハ以テ本銀行ノ實體ヲ認メタルモノニ非ス即チ株主アリ定款ノ規約アリ以テ始メテ其成立ヲ見ルヘキナリ何ソ他ノ諸銀行ト選フ所アランヤ其條例タル只本行設立ノ模範ヲ示シタルニ過キサルノミ要スルニ本問第一項第二項トモニ登記ヲ爲スヘキモノトス

(三九)(質疑)　既設株式會社ノ支店ニ於テハ從來取締役ヲ置カス取締役ノ選任シタル支配人ニ於テ專ラ業務ヲ處理シ來レリ故ニ從前ノ通リ支配人ニ於テ業務ヲ取扱フ旨ノ登記ヲ受ケ將來會社營業上書入其他普通ノ登記ニ支店ヲ代表シ出願致シ度旨申出ツル者アリ之ヲ許スモ差支ナキ乎

(決答)　國立銀行支配人ハ國立銀行條例竝成規ニ依ルモ又實際銀行ノ定款等ニ依ルモ商法ノ所謂株式會社ノ取締役ナルモノト同一ノモノニアラス隨テ登記ヲ受

クヘキ職掌ノモノニアラサルヲ以テ支配人ノ氏名住所ハ登記スヘキモノニアラス又株式會社ニ在テハ會社ノ事務ニ付キ會社ヲ代表スル權利ヲ有スルモノハ取締役ナルカ故ニ普通登記ヲ出願スル等ニ就テハ取締役ノ署名スヘキヲ當然トス

（四〇）（質疑）　商法施行條例第八條第二項但書ニ特ニ法律ヲ以テ定メタル株式會社ハ附記スルヲ要セストアリ故ニ國立銀行ハ株式會社ヲ附記セス登記ヲ請求セリ然ルニ此既設銀行ニハ取締役ノ上ニ之ヲ總括スル頭取ナルモノアリテ其頭取ヨリ登記ヲ請求セリ今商法第百六十八條ヲ觀ルニ登記及ヒ公告スヘキ事項ノ内ニハ頭取ナル者ナシ取締役ノ氏名住所ヲ登記スヘキコトニナレリ斯ク抵觸スルモ頭取ノ名義ヲ以テ登記ヲ爲シ差支ナキヤ

（決答）　國立銀行ノ如キ特別法律ノ規定ニ依ルモノハ固ヨリ商法第百六十八條ノ例外ナルニ付キ銀行條例及ヒ成規ニ定メラレタル役員ノ名義ヲ以テ登記シ差支ナキモノトス

（四一）（質疑）　會社ノ專務取締役ヨリ支店ノ業務ヲ處理スヘキ旨ノ委任アリタルトキハ會社ノ營業上支配人ヨリ書入其他普通ノ登記願出タルトキハ之ヲ受理スヘキヤ

（決答）　支配人ハ獨立ナル會社代表者タルコト能ハサルモ取締役ヨリ委任ヲ受ク

ルトキハ其代理人トナルニハ妨ケナキヲ以テ支配人ハ取締役ノ代理人トシテ普通登記ノ出願等ヲ爲スコトヲ得ヘキモノトス

（四二）（上告論旨）　函館控訴院カ明治廿五年十一月十五日預ケ金請求事件ニ付キ言渡シタル判決ニ對シ上告人ヨリ全部破毀ヲ求ムル旨ノ申立ヲ爲シ其

第一點ノ要領ハ原裁判所ハ會社處務規程第二十條ヲ引用シテ會社ヲ代表シテ其權利行爲ヲ爲ス者ハ獨リ專務取締役ニ限ルト判決セシト雖モ右第廿條ハ上席取締ノ處務ヲ規定セシニ過キス故ニ會社ノ代表者ハ專務取締ニ限ルトノ判決ハ法則ニ違背シテ事實ヲ確定セシモノナリトノ事

第二點ノ要領ハ原判文ニ會社ニ加入スル時ハ其社ニ就テ規定ヲ知悉セサルヘカラストアレトモ上告人カ加盟セシ時ハ取締役中野初太郎ナル者ヨリ定款ヲ承知セシノミ又處務規定ナルモノハ役員間ノ規定ニシテ社員間ノ契約ニ非ス社員ハ悉ク之ヲ知ルヲ要セス然ルニ之ヲ援引シテ判決セシハ法則ニ違背シテ事實ヲ確定セシモノナリトノ事

第三點ノ要領ハ原判文ニ乙第一號證ノ如キ會社ノ權利行爲ニ係ル事務ヲ取扱フヘキ權限ヲ有セスト斷定セラレタレトモ乙第一號證ト甲第一號證トハ同時ニ授受セシコトハ爭ヒナキ事實ニシテ此兩證トモ取締役中野初太郎ト上告人ト

福島ニ於テ授受セシモノナリ然ルニ乙第一號ハ無効ニシテ甲第一號ノミ有効ナリトスル判決ハ事實ト理由ト齟齬シ理由ナキ違法ノ裁判ナリトノ事
第四點ノ要領ハ原裁判所ハ乙一號證ハ會社ニ定メタル取締役ノ役印ヲ押捺セスト云ヒ又會社ノ定款及ヒ處務規定ヲ引用シテ右乙第一號證ヲ無効トセラレタリト雖モ會社ノ定款ハ社員間ノ契約ニ過キス然ルニ之レカ解釋ノ結果ヨリ乙第一號證ヲ無効ト爲サント欲セハ其理由ノ明示ナカルヘカラサルニ其事ナキハ理由ナキノ裁判ナリトノ事ニ在リ
（判決要領）　右上告ノ論旨ニ依リ原裁判所ノ認メタル事實及ヒ裁判ノ旨趣ヲ案スルニ被上告者ノ請求ヲ證スル金貳百五十圓ノ預ケ金證書ハ明治二十三年九月七日付ニシテ之レカ反證トスル上告人ノ乙第壹號證モ亦同日付ケナリ而シテ此兩證トモ上告人ト取締役中野初太郎トソ間ノ授受ニ係ルモノナリトノ上告人ノ陳述ハ未タ嘗テ事實ニ相違アルモノトハセラレサルモノヽ如シ左スレハ中野初太郎ハ取締役ノ資格ヲ以テ其社ノ事務ヲ處理セシモノト論セサルヘカラス然ルニ原裁判所ハ一面甲第一號證ヲ會社ノ爲メ有効ナリトシ一面乙第一號證ヲ排斥スルノ理由トシテハ會社ノ處務規定第二十條ヲ援引シテ初太郎ノ行爲ハ會社ニ責メナシト判決セリ然レトモ其規定第二十條ニハ上席事務取締ハ本社ノ事務ヲ總

括シ支配人以下ノ役員ヲ指揮監督シ社運ノ隆盛ヲ圖リ業務一切ノ責メニ任スト
アルノミニテ各取締役ノ職務權限ヲ規定セシモノニ非ス又原裁判所ハ乙第一號
證ニ社印ノ押捺ナキヲ以テ一ノ理由トセシト雖モ取締役ノ資格ヲ以テ發付セシ
書面タルモ社印ナキカ爲メ會社ニ責ナシト爲サンニハ他ヲ羈束スルニ足ルヘキ
約束ナカルヘカラス然カラサレハ槪シテ其社印ナキカ爲メ取締役ノ爲シタル行
爲モ會社ニ責メナシト云フヲ得ス

右ノ理由ナルニヨリ原裁判ハ法則ヲ不當ニ適用セシモノナリトノ上告ハ理アル
モノトス（明治二十六年四月二十二日大審院判決上告人服部進吉被上告人北海道物產會社專務取締役今井榮七）「本件ハ參照ノ爲メニ揭ク」

第百六十九條　會社支店ヲ設ケタルトキハ其所在地ニ於テ亦登記
ヲ受ク可シ

（四三）（質疑）　前號質疑及ヒ決答ノ趣旨ニ於テ單ニ國庫金ノミヲ取扱フ派出所ヲ
除クトアルニ依レハ或支金庫ノ如キ國庫金取扱ノ外ニ地方稅爲替方ヲ兼ヲテ取
扱ヒ其他ハ一切銀行ノ營業ニ屬スル業務ヲ取扱ハサルモノト雖モ已ニ國庫金ノ
外ニ地方稅爲替方ヲ取扱フ（地方稅爲替方ノミニ限リ取扱フモノハ廣ク一般ノ銀行營業ヲ爲ス者ト多少趣ヲ異ニス）以上ハ商法第百
六十九條ノ登記ヲ受ケシムル精神ナルヤ

（決答）地方稅爲替取扱方ヲ銀行（日本銀行即チ支金庫）ニ委託スルトキハ其取扱費トシテ每年ノ取扱金高ニ應シ相當ノ手數料ヲ地方廳ヨリ下附スヘキモノナレハ即チ手數料ヲ受ケ銀行營業ノ一部ヲ行フモノニシテ之ヲ商業ト看做スハ當然ナルヲ以テ商法第百六十九條ノ登記ヲ受ケシムヘキモノトス

（四四）（質疑）會社支店ノ登記ニ付テハ商法第七十八條第百六十九條及ヒ明治二十六年五月大藏省令第七號銀行條例施行細則並同年五月司法省訓令登記ノ書式中ニ明記セラレタルモ其出張店又ハ他ノ名義ヲ以テ營業スル場所ニ於テハ登記ヲ爲スヘキモノニアラサルヤ同年十一月大藏省訓令第三十五號第一項ニ銀行又ハ貯蓄銀行ニ於テ出張店又ハ其他何等ノ名義ヲ用フルニモ拘ハラス一定ノ場所ヲ設ケ銀行又ハ貯蓄銀行事業ノ全部若クハ其一部ヲ營ムトキハ其場所ヲ支店ト看做シ銀行條例施行細則ニ依リ其手續ヲ爲サシムヘシトアリ而シテ出張店又ハ其他ノ名義ナルモノ支店ヨリ業務必スシモ狹隘ナリト而已云フヘカラス依テ支店ヲ登記シ出張店又ハ其他ノ名義ノモノヲ登記セサルトキハ一般社會ヘ對スル登記ノ保護上彼是不都合ナルモノヽ如シ就テハ法律其他ニ於テ支店トアルモノハ出張店又ハ其他ノ名義ノ場所モ之ニ包含シ居ルモノト解釋スヘキ乎

（決答）商法第七十八條及第百六十九條ノ支店ナル文字中ニハ苟モ一定ノ場所ヲ

設ケ支店同一ノ業務ヲ營ムモノハ盡ク包含セルモノト解釋スヘキモノトス故ニ出張店其他如何ナル名稱ヲ用ユルヲ論セス右ノ性格ヲ具フルモノハ登記ヲ爲サシムヘキモノトス

（四五）（質疑）　銀行其他諸會社ヨリ出張所名義ヲ以テ登記ヲ請求スル場合ニハ出張所名義ヲ以テ登記シ差支ナキヤ又ハ支店名義ニ變更セシムヘキヤ

（決答）　銀行其他諸會社ノ支店出張所ハ法律ニ從ヒ登記スヘキモノナルモ必スシモ支店名義ヲ以テス可キコトハ法律ノ命セサル所ニ依リ出張所ノ名義ヲ以テスルモ妨ケナキモノトス

（四六）（質疑）　私立銀行ノ代理店ト稱シ單ニ荷爲替事務ノミヲ取扱フモノアリ但其取扱人ハ該銀行ノ役員等ニ非ス全ク社外人ナレトモ相當ノ營業税ヲ納メ且本店名義ヲ以テ爲替手形ヲ發行ス

如此モノハ商法ニ規定ナシト雖モ相當ノ營業税ヲ納メ本店ノ名義ヲ以テ荷爲替事務ヲ取扱フモノナレハ支店ト同シク登記ヲ受クヘキモノナリヤ又ハ更ニ支店ノ組織トナシ支店ト稱スルニアラサレハ登記ヲ受クヘキモノニアラサルヤ

（決答）　右ハ他ノ銀行等ニ於テ事務ヲ取扱ヒ代理店ノ爲メ特別ノ營業所ヲ設ケサルモノハ登記ヲ受クルヲ要セサルナリ

第百七十條　設立ノ免許ヲ得タル後遲クトモ一个年内ニ登記ヲ受ケサルトキハ其免許ハ効力ヲ失フ第八十一條及ヒ第八十二條ノ規定ハ株式會社ニモ亦之ヲ適用ス

第百七十一條　登記前ニ在テハ創業總會ノ承認ヲ經タル義務及ヒ出費ニ付キ發起人、取締役及ヒ株主ニ於テ連帶無限ノ責任ヲ負フ

第百七十二條　創業總會ノ承認ヲ經サル義務及ヒ出費ニ付テハ發起人ニ於テ仍ホ連帶無限ノ責任ヲ負フ

第三欵　會社ノ社名及ヒ株主名簿

第百七十三條　社名ニハ株主ノ氏ヲ用ユルコトヲ得ス又社名ニハ株式會社ナル文字ヲ附ス可シ

第百七十四條　會社ハ株主名簿ヲ備ヘ之ニ左ノ事項ヲ記載ス

第一　各株主ノ氏名、住所
第二　各株主所有ノ株式ノ數及ヒ株券ノ番號
第三　各株式ニ付キ拂込ミタル金額
第四　各株式ノ取得及ヒ讓渡ノ年月日

第四款　株式

第百七十五條　各株式ノ金額ハ會社資本ヲ一定平等ニ分チタルモノニシテ二十圓ヲ下ルコトヲ得ス又其資本十萬圓以上ナルトキハ五十圓ヲ下ルコトヲ得ス

第百七十六條　株式ハ一株每ニ株券一通ヲ作リ之ニ其金額、發行ノ年月日、番號、社名、社印、取締役ノ氏名、印及ヒ株主ノ氏名ヲ載ス但定款ニ依リ數株ヲ合シテ一通ノ株券ヲ作ルコトヲ得

第百七十七條　株式ハ分割又ハ併合スルコトヲ得ス

第百七十八條　株金全額拂込以前ニ於テハ會社ハ假株券ヲ發行シ全額完納ノ後ニ至リ始メテ本株券ヲ發行スルコトヲ得

第百七十九條　假株券及ヒ本株券ハ登記前ニ之ヲ發行ズルコトヲ得ス

第百八十條　登記前ニ爲シタル株式ノ讓渡ハ無効タリ

第百八十一條　株式ノ讓渡ハ取得者ノ氏名ヲ株券及ヒ株主名簿ニ記載スルニ非サレハ會社ニ對シテ其効ナシ

第百八十二條　株金半額拂込前ノ株式ノ讓渡人ハ讓渡後二个年間會社ニ對シテ其株金未納額ノ擔保義務ヲ負フ

第百八十三條　會社ハ株主名簿及ヒ計算ノ閉鎖ノ爲メ公告ヲ爲シテ事業年度每ニ一个月ヲ踰エサル期間株券ノ讓渡ヲ停止スルコトヲ得

第百八十四條　拂込ミタル株金額及ヒ會社財產中ノ持分ハ會社解散前ニ於テハ之ヲ取戾サントス求ムルコトヲ得ス

第五款　取締役及ヒ監查役

第百八十五條　總會ハ株主中ニ於テ三人ヨリ少ナカラサル取締役ヲ三个年內ノ時期ヲ以テ選定ス但其時期滿了ノ後再選スルハ妨ナシ

取締役ハ同役中ヨリ主トシテ業務ヲ取扱フ可キ專務取締役ヲ置クコトヲ得然レトモ其責任ハ他ノ取締役ト同一ナリ

第百八十六條　取締役ノ代理權及ヒ其權ノ制限ニ付テハ第百四十三條及ヒ第百四十四條ノ規定ヲ適用ス

第百八十七條　取締役ニ選マルル爲メ株主ノ所有ス可キ株數ハ會社定款ニ於テ之ヲ定ム取締役ノ在任中ハ其株劵ノ融通ヲ禁スル

爲メ封印シテ之ヲ會社ニ預リ置ク可シ

第百八十八條　取締役ハ其職分上ノ責任ヲ盡スコト及ヒ定欵竝ニ會社ノ決議ヲ遵守スルコトニ付キ會社ニ對シテ自己ニ其責任ヲ負フ

第百八十九條　取締役ハ會社ノ義務ニ付キ各株主ニ異ナラサル責任ヲ負フ然レトモ定欵又ハ總會ノ決議ヲ以テ取締役ノ在任中ニ生シタル義務ニ付キ取締役カ連帶無限ノ責任ヲ負フ可キ旨ヲ豫メ定ムルコトヲ得其責任ハ退任後二个年ノ滿了ニ因リテ消滅ス

第百九十條　取締役ノ更迭ハ其度每ニ登記ヲ受ク可シ

第百九十一條　總會ハ株主中ニ於テ二人以上ノ監査役ヲ二个年內ノ時期ヲ以テ選定ス但其時期滿了ノ後再選スルハ妨ナシ

第百九十二條　監査役ノ職分ハ左ノ如シ

第一　取締役ノ業務施行カ法律、命令、定款及ヒ總會ノ決議ニ適合スルヤ否ヤヲ監視スルコト
第二　計算書、財産目錄、貸借對照表、事業報告書、利息又ハ配當金ノ分配案ヲ檢査シ此事ニ關シ株主總會ニ報告ヲ爲スコト
第三　會社ノ爲メニ必要又ハ有益ト認ムルトキハ總會ヲ招集スルコト

第百九十三條　監査役ハ何時ニテモ會社ノ業務ノ實況ヲ尋問シ會社ノ帳簿及ヒ其他ノ書類ヲ展閱シ會社ノ金匣及ヒ其全財産ノ現況ヲ檢査スル權利アリ

第百九十四條　監査役中ニ於テ意見ノ分レタルトキハ其意見ヲ總會ニ提出ス

第百九十五條　監査役ハ第百九十二條ニ揭ケタル責務ヲ缺キタル

ニ因リテ生シタル損害ニ付キ會社ニ對シ自己ニ其責任ヲ負フ

第百九十六條　取締役又ハ監査役カ給料又ハ其他ノ報酬ヲ受ク可キトキハ定款又ハ總會ノ決議ヲ以テ之ヲ定ム

第百九十七條　取締役又ハ監査役ハ何時ニテモ總會ノ決議ヲ以テ之ヲ解任スルコトヲ得其解任セラレタル者ハ會社ニ對シテ解任後ノ給料若クハ其他ノ報酬又ハ償金ヲ請求スルコトヲ得ス

第六款　株主總會

第百九十八條　總會ハ取締役、監査役又ハ其他本法ニ依リテ招集ノ權ヲ有スル者之ヲ招集ス

第百九十九條　總會ノ招集ハ會日前ニ其會議ノ目的及ヒ事項ヲ示シ且定款ニ定メタル方法ニ從ヒテ之ヲ爲ス

此規定ハ創業總會ノ招集ニモ亦之ヲ適用ス

第二百條　通常總會ハ毎年少ナクトモ一回定款ニ定メタル時ニ於テ之ヲ開キ其總會ニ於テハ前事業年度ノ計算書、財産目錄、貸借對照表、事業報告書、利息又ハ配當金ノ分配案ヲ株主ニ示シテ其決議ヲ爲ス

取締役ノ提出スル書類ニ付テノ監査役ノ報告書ハ其書類ト共ニ之ヲ提出ス

第二百一條　臨時總會ハ臨時ノ事項ヲ議スル爲メ何時ニテモ之ヲ招集スルコトヲ得又總株金ノ少ナクトモ五分一ニ當ル株主ヨリ會議ノ目的ヲ示シテ申立ツルトキハ亦臨時總會ヲ招集セサルコトヲ得ス

第二百二條　總會ハ本法ニ於テ別段ノ規定アルトキノ外定款ノ定ニ從ヒテノミ決議ヲ爲スコトヲ得定款ニ其定ナキトキハ總株金

ノ少ナクトモ四分一ニ當ル株主出席シ其議決權ノ過半數ニ依リテ決議ヲ爲ス

第二百三條　定款ノ變更及ヒ任意ノ解散ニ付テノ決議ヲ爲スニハ第百六十四條ニ定メタル決議ノ方法ニ依ル

第百五十二條ノ規定ハ株式會社ニモ亦之ヲ適用ス

第二百四條　株主ノ議決權ハ一株毎ニ一箇タルヲ通例トス然レモ十一株以上ヲ有スル株主ノ議決權ハ定款ヲ以テ其制限ヲ立ツルコトヲ得

第七款　定款ノ變更

第二百五條　會社ハ定款ニ定アルトキ又ハ總會ノ決議ニ依リテ定款ヲ變更スルコトヲ得然レトモ法律ノ規定又ハ政府ヨリ免許ニ附シタル條件ニ違背スルコトヲ得ス

第二百六條　會社資本ノ增加ハ株劵ノ金額ヲ增シ又ハ新株劵ヲ發行シテ之ヲ爲シ又其減少ハ株劵ノ金額又ハ株數ヲ減シテ之ヲ爲スコトヲ得但資本ハ其全額ノ四分一未滿ニ減スルコトヲ得ス
會社ハ債劵ヲ發行スルコトヲ得此債劵ハ記名ノモノニシテ其金額ニ付テハ第百七十五條ノ規定ヲ適用ス
第二百七條　會社資本ヲ減セントスルトキハ會社ハ其減少ノ旨ヲ總テノ債權者ニ通知シ且異議アル者ハ三十日內ニ申出ツ可キ旨ヲ催告スルコトヲ要ス
第二百八條　前條ニ揭ケタル期間ニ異議ノ申出アラサルトキハ異議ナキモノト看做ス
異議ノ申出アリタル時ハ會社ハ其債務ヲ辨償シ又ハ之ニ擔保ヲ供シテ異議ヲ除取キタル後ニ非サレハ資本ヲ減スル事ヲ得ス

第二百九條　資本ノ減少シタル部分ノ拂戻ヲ受ケタル株主ハ過怠ナキ不知ノ爲メ其減少ニ付キ異議ヲ申出テサル債權者ニ對シテ登記ノ日ヨリ二个年間其受ケタル拂戻ノ額ニ至ルマテ自己ニ責任ヲ負フ

第二百十條　會社ノ定款中既ニ登記ヲ受ケタル事項ヲ變更シタルトキハ直チニ其變更ノ登記ヲ受ク可シ登記前ニ在テハ其變更ノ効ヲ生セス

營業所ヲ移轉スルトキハ舊所在地ニ於テ移轉ノ登記ヲ受ケ新所在地ニ於テハ新ニ設立スル會社ニ付キ要スル諸件ノ登記ヲ受ク可シ又同一ノ地域內ニ於テ移轉スルトキハ移轉ノミノ登記ヲ受ク可シ

（四七）（質疑）　商法第十八條第二項及第二百十條第二項ノ適用上ニ付左ノ疑點ヲ

生セリ

第一　會社營業所ヲ登記所ノ管轄外ニ移轉シタルトキ

第二　會社營業所ヲ同一地域內ニ於テ移轉シタルトキ

第三　會社營業所ヲ登記所ノ管轄ヲ異ニセサルモ地域ヲ異ニシ移轉シタルトキ

右第一ノ場合ハ商法第二百十條二項前段ニ該當スルヲ以テ二ケノ登記則チ舊所在地登記所ハ移轉ニ係ル登記及ヒ新所在地ノ登記所ハ會社新設ノ場合ニ準シ登記ヲ爲シ第二ノ場合ハ同條第二項後段ニ照シ單ニ移轉登記ノミヲ爲スヘキコトハ共ニ疑ナキモノヽ如シ獨リ第三ノ場合ニ至ツテハ登記所ノ管轄ヲ異ニセシニアラス則チ同一ノ管轄內ニ於テ單ニ地域ヲ異ニセシ場合ナルヲ以ヲ强ヒテ本問第一ノ場合ニ準シ商法第十八條第二百十條第二項前段ニ依リ扱フモノトセンカ蓋シ同條第二項前段ハ登記所ノ管轄ヲ異ニセシ場合ヲ想像セシニ過キサルヲ如何セン然ラハ第二ノ場合ニ準シ同第二百十條第二項後段ヲ適用スヘキモノトセンカ商法施行條例ハ其第一條ヲ以テ一地域トハ各市町村ノ一區域ヲ云ヒ云々從來ノ宿驛町村ヲ謂フト明カニ地域ノ限界ヲ定メラレタルヲ以テ第二百十條第二項後段ニ據ル能ハサルノ結果ヲ生セリ商法第二百十條ト同施行條例第一條トハ到底關係上多少ノ牴觸ハ免レスト雖モ固ヨリ本問ノ場合タル商法上ヨリ觀察ス

レハ既ニ全然公示ノ方法ヲ盡シタル後同一管内ニ於テ僅カニ營業所ノ變更ヲ生セシニ止リ第一ノ場合ノ如ク管轄ヲ異ニセシニモアラサレハ從テ新ニ一法人ヲ生セシモノト看做ス能ハサルニ付キ寧ロ第二ノ場合ニ準シ移轉登記ノミヲ取扱フモノトスヘキヤ

（決答） 第三ノ場合ニ於テハ營業所移轉ノ登記ヲ受クレハ足レリ

營業所ノ移轉ハ登記事項ニ一變更ヲ來シタルモノナレハ其登記ヲ受クヘキハ言ヲ俟タス但シ何地ノ登記所ニ於テ此手續ヲ履行スヘキカ是レ決定ヲ要スル所ナリ商法第二百十條二項ハ此問ニ對スル規定ニシテ本問ノ如キモ自然其内ニ包含セリ蓋シ登記ハ一ノ公示式ナルモノニテ其手續ヲ取扱フハ管轄役所ニ限ラサルヲ得ス一タヒ登記ヲ經タル事項ノ變更ニ於ケルモ亦然リトス登記事項ノ變更ニ因リ管轄裁判所ヲ異ニスルトキハ新舊管轄役所ニ其事項ヲ登記セシムヘキコトモ管轄ヲ定メタル自然ノ結果ナリ前掲條文ニ「新ニ設立スル會社ニ付キ要スル諸件ノ登記」云々營業所ハ所謂諸件ノ一ナルヲ視レハ（商法第百六十八條三號）此義明瞭ナルヘシ然ラハ登記裁判所ノ管轄同一ナル場合ニ於テハ營業所變更ノ場所如何ニ拘ハラス變更登記ノ手續ヲ爲スノ外別ニ要スヘキコトナシ而シテ商法施行條例第一條第二項ノ規定ハ質疑者ノ思惟スル如キ牴觸ノ廉ナシ

又一說ニ曰ク商法第二百十條第二項後段ニ於テ同一ノ地域內ニ於テ移轉シタルトキハ移轉ノミノ登記ヲ受クヘシト規定シタル所以ノモノハ是レ其會社ハ既ニ管轄登記所ニ登記シアルカ故ナリ本問ノ場合ハ會社カ地域ノ異ル所ニ其營業所ヲ移轉シタルノ點ニ於テハ商法第二百十條第二項後段ノ場合ト異ナル所アリト雖モ其會社カ既ニ管轄登記所ニ登記シアルノ點ニ至テハ同一ニシテ更ニ登記ヲ爲スノ必要アルヲ見ス故ニ本問即チ會社ノ營業所ヲ同管轄登記所ニシテ地域ヲ異ニシタル地ニ移轉シタル場合ニハ商法第二百十條第二項後段ヲ準用シ移轉ノ登記ノミヲ爲スヘキモノトス何レニ依ルモ移轉ノ登記ノミヲ以テ足ルナリ

第二百十一條　會社定款ノ變更ノ登記ヲ受ケタルトキハ地方長官ヲ經由シテ主務省ニ其變更ヲ屆出ツルコトヲ要ス

第八欵　株金ノ拂込

第二百十二條　株金拂込ノ期節及ヒ方法ハ定欵ニ於テ之ヲ定ム其拂込ヲ催告スルニハ拂込ノ日ヨリ少ナクトモ十四日前ニ各株主ニ通知スルコトヲ要ス其通知ニハ拂込ヲ爲サヽル爲メ株主ノ被

フル可キ損失ヲ併示ス

第二百十三條　拂込期節ヲ怠リタル株主ハ定款ニ定メタル遲延利息及ヒ其遲延ノ爲メニ生シタル費用ヲ支拂フ義務アリ

第二百十四條　拂込ヲ怠リタル株主カ更ニ少ナクトモ十四日ノ期間ニ於テ拂込ム可キ催告ヲ會社ヨリ受ケ仍ホ拂込ヲ爲サヽルトキハ會社ハ其株主ニ通知シテ其株劵ヲ公賣スルコトヲ得

第二百十五條　公賣セラレタル株劵ノ從前ノ所有者ハ公賣代金カ既ニ催告ヲ受ケタル拂込金額ニ滿タサルトキハ其不足金及ヒ第二百十三條ニ記載シタル利息竝ニ費用ノ支拂ニ付キ仍ホ責任ヲ負フ但剩餘アルトキハ會社ハ之ヲ從前ノ所有者ニ還付ス會社ハ其定款ヲ以テ別ニ違約金ヲ拂フ可キコトヲ定ムルコトヲ得

第九欵　會社ノ義務

第二百十六條　會社ハ株金ノ全部又ハ一分ヲ株主ニ拂戻スコトヲ得ス

若シ拂戻シタルトキハ其金額ハ會社又ハ其債權者直接ニ之ヲ取戻サントヌムルコトヲ得

第二百十七條　會社ハ自己ノ株劵ヲ取得シ又ハ之ヲ質ニ取ルコトヲ得ス但債務ノ辨償ノ爲メ若クハ其他ノ事由ニ因リテ會社ニ交付セラレ若クハ移屬シタル株劵ハ三个月內ニ於テ公ニ之ヲ賣リ其代金ヲ會社ニ收ム可シ

第二百十八條　會社ハ毎年少ナクトモ一回計算ヲ閉鎖シ計算書、財產目錄、貸借對照表、事業報告書、利息又ハ配當金ノ分配案ヲ作リ監査役ノ檢查ヲ受ケ總會ノ認定ヲ得タル後其財產目錄及ヒ貸

借對照表ヲ公告ス其公告ニハ取締役及ヒ監査役ノ氏名ヲ載スルコトヲ要ス

第二百十九條　利息又ハ配當金ハ損失ニ因リテ減シタル資本ヲ塡補シ及ヒ規定ノ準備金ヲ控取シタル後ニ非サレハ之ヲ分配スルコトヲ得ス

準備金カ資本ノ四分一ニ達スルマテハ每年ノ利益ノ少ナクトモ二十分一ヲ準備金トシテ積置クコトヲ要ス

（四八）（上告論旨）　上告論旨第一點ハ會社ノ株主タラントスル者ハ其會社ノ定款ヲ遵守スルノ義務アルヤ論ヲ俟タサル所ニシテ本件訴訟ノ原因タル株劵發行者タル北海道製麻會社ノ定款ニ依レハ株劵ノ賣買授受ヲ爲サントスル者ハ其第五十九條ニ從ヒ會社ノ准認ヲ受ケサルヲ得サルモノナルニ被上告人ハ其守ル可キ義務ヲ怠タリタルカ爲メ上告人カ正當ニ取得シタル配當金ヲ取戾サントスルハ實ニ不當ナル請求ナリトス然ルニ原院ハ上告人カ株劵ノ記名者ナルニ依リ其配當金ヲ取得シタルハ正當ナリト認メナカラ本訴請求ヲ拒ムコトヲ得スト判決シ

タルハ不法ヲ免カレサル裁判ナリト云フ

（判決要領）　原判決ノ如ク乙第一號證北海道製麻會社定款第五十九條ハ會社ト株主トノ權利關係ヲ規定シタルモノニシテ同條ニ依レハ利益配當金ハ株券狀名前人カ之ヲ受領ス可キモノナルカ故ニ被上告人ハ株券ヲ買得シタルモ上告人ノ故障ニ依リ書換ヲ爲シ能ハサリシカ爲メ配當金ヲ受領スルヲ得サリシモノニ過キスシテ該故障ノ不當ナルコト確定シタル以上ハ株券ハ賣買ノ時ヨリ被上告人ノ所有ニ屬スルモノナレハ其利益配當金ハ假令上告人カ株券ノ名前人タリシカ爲メ受領シタルモノナリト雖モ元來被上告人カ取得ス可キモノナルニ因リ上告人ハ之ヲ被上告人ニ引渡ス義務アルヤ論ヲ俟タサル所ナリ依テ原判決ハ相當ニシテ本上告ハ其理由ナキモノトス（明治廿六年九月廿八日大審院判決上告人千賀幾太郎被上告人石川庄兵衛）「本件ハ參照ノ爲メニ掲ク」

（四九）（上告論旨）　上告第二點ハ被上告人ハ株券ノ記名人ト爲リタルハ明治廿五年十月廿八日ナレハ會社ノ定款上其時初メテ株券ノ所有者ト爲リタルモノナルニ依リ從タル利益モ其時ヨリ初メテ取得ス可キモノナルニ原院ニ於テ其以前ノ利益迄モ被上告人ノ取得ス可キモノナリト裁判シタル以上ハ其理由ヲ説明セサル可カラス然ルニ其理由ヲ示サヽルハ理由不備ノ判決ナリト云フニ在リ

（判決要領）原判文ヲ閲スルニ「總テ株券ノ相場ヲ立テ賣買ヲ爲スハ一般ノ商慣習ニシテ利落賣買ハ或ル場合ニ於テノ變例ナリトス本件ニ於テ控訴人ノ取引ハ變例タルノ證ナキヲ以テ一般ノ慣習ニ依リ賣買シタルモノト認ムルヲ以テ正當トス云々」トアリテ之ヲ換言スレハ利落賣買ノ證據ナキ以上ハ相場ヲ立テ賣買シタルモノナルニ依リ未タ支拂ハサル配當金ハ賣買前ノ時期ニ係ル者モ株券ト共ニ讓受人ノ取得ス可キ一般ノ商慣習ナリト說明シタルモノナレハ原判決ハ理由ノ欠缺スルモノニ非スシテ本上告モ亦其理由ナキモノトス（明治廿六年九月廿八日大審院判決上告人千賀鐵太郎被上告人石川庄兵衛）「本件ハ參照ノ爲メニ揭ク」

第二百二十條　前二條ノ成規ニ依ラスシテ拂出シタル利息又ハ配當金ハ會社又ハ其債權者直接ニ之ヲ取戻サント求ムルコトヲ得

第二百二十一條　利息又ハ配當金ノ分配ハ各株ニ付キ拂込ミタル金額ニ應シ總株主ノ間ニ平等ニ之ヲ爲ス

第二百二十二條　會社ハ其本店及ヒ各支店ニ株主名簿、目論見書、定款、設立免許書、總會ノ決議書、每事業年度ノ計算書、財產目錄、

貸借對照表、事業報告書、利息又ハ配當金ノ分配案及ヒ抵當若クハ不動產質ノ債權者ノ名簿ヲ備置キ通常ノ取引時間中株主及ヒ會社ノ債權者ノ求ニ應シ展閱ヲ許ス義務アリ

第二百二十三條　諸帳簿檢正ノ爲メ事業年度每ニ一回一个月ヲ超ヘサル期間前條ニ定メタル展閱ヲ停止スルコトヲ得

第十欵　會社ノ檢查

第二百二十四條　總株金ノ少ナクトモ五分一ニ當ル株主ノ申立ニ因リテ會社營業所ノ裁判所ハ一人又ハ數人ノ官吏ニ會社ノ業務ノ實況及ヒ財產ノ現況ノ檢查ヲ命スルコトヲ得

第二百二十五條　檢查官吏ハ會社ノ金匣、財產現在高、帳簿及ヒ總テノ書類ヲ檢查シ取締役及ヒ其他ノ役員ニ說明ヲ求ムルノ權利アリ

第二百二十六條　檢査官吏ハ檢査ノ顚末及ヒ其面前ニ於テ爲シタル供述ヲ調書ニ記載シ之ヲ授命ノ裁判所ニ差出スコトヲ要ス
調書ノ謄本ハ裁判所ヨリ之ヲ會社ニ付與シ又株主及ヒ其他ノ者ヨリ手數料ヲ納ムルトキハ其求ニ應シテ之ヲ付與ス
第二百二十七條　主務省ハ何時ニテモ其職權ヲ以テ地方長官又ハ其他ノ官吏ニ命シテ第二百二十四條ニ掲ケタル檢査ヲ爲サシムルコトヲ得

第十一欵　取締役及ヒ監査役ニ對スル訴訟

第二百二十八條　總會ハ監査役又ハ特ニ選定シタル代人ヲ以テ取締役又ハ監査役ニ對シテ訴訟ヲ爲スコトヲ得
第二百二十九條　會社資本ノ少ナクトモ二十分一ニ當ル株主ハ亦特ニ選定シタル代人ヲ以テ取締役又ハ監査役ニ對シテ訴訟ヲ爲

スコトヲ得但各株主ノ自己ノ名ヲ用ヰ又ハ參加人ト爲リ裁判所所ニ於テ其權利ヲ保衛スル權ヲ妨ケス
第十二欵　會社ノ解散

第二百三十條　會社ハ左ノ諸件ニ因リテ解散ス
第一　定欵ニ定メタル場合
第二　株主ノ任意ノ解散
第三　株主ノ七人未滿ニ減シタルコト
第四　資本ノ四分一未滿ニ減シタルコト
第五　會社ノ破産
第六　裁判所ノ命令

第二百三十一條　會社解散ノ場合ニ於テハ既ニ始メタル取引ヲ完結シ又ハ現ニ存在スル會社義務ヲ履行スル外其業務ヲ止ム取締

役之ニ拘ハラスシテ營業ヲ續行スルトキハ此カ爲メ其全財産ヲ以テ自己ニ責任ヲ負フ

第二百三十二條　會社解散ノ場合ニ於テハ取締役ハ總會ヲ招集シ解散ノ決議ヲ取ル但裁判所ノ命令ニ依リテ解散スル場合ハ此限ニ在ラス

其總會ニ於テハ破産ノ場合ヲ除ク外一人又ハ數人ノ清算人ヲ選定ス

第二百三十三條　前條ニ掲ケタル解散ノ決議又ハ清算人ノ選定ヲ爲サヽルトキハ裁判所ハ債權者若クハ株主ノ申立ニ因リ又ハ職權ニ依リ其命令ヲ以テ決議ニ換ヘ又ハ清算人ヲ任スルコトヲ得

（五〇）（書式）

會社解散命令原本（正本）

、、、、、、、、、

、、、、、

右會社解散事件ニ付當地方裁判所ハ株主何某（債權者何某）ノ申立ニ因リ（職權ヲ以テ）申立人及取締役ノ説明（檢事某ノ意見）ヲ聽キ之ヲ審査スルニ其會社ハ商法第二百三十條第一號（第二號第三號第四號）ノ規定ノ場合ニ該當シ取締役ハ總會ヲ招集シ解散ノ決議ヲ取ルヘキニ之ヲ爲サヽルヲ以テ商法第二百三十三條ニ依リ總會ノ決議ニ換ヘ命令スルコト左ノ如シ

何々ヽヽ會社ハ解散スヘシ

年　月　日

ヽヽヽヽヽヽヽヽ
ヽヽヽヽヽ
ヽヽヽヽヽヽ
ヽヽヽヽヽ
ヽヽヽヽヽヽ

前同樣

第二百三十四條　會社ハ破産ノ場合ヲ除ク外決議後七日内ニ解散ノ原由、年月日及ヒ清算人ノ氏名、住所ノ登記ヲ受ケ之ヲ裁判所ニ届出テ又何レノ場合ニ於テモ之ヲ各株主ニ通知シ且地方長官ヲ經由シテ主務省ニ届出ツルコトヲ要ス

（五一）（質疑）　會社解散ノ登記公告手數料ハ明治二十三年勅令第百三十三號第二項ニ依リ更ニ納付セシムヘキヤ

（決答）　會社解散ノ登記公告ハ明治二十三年勅令第百三十三號第一條第二號第二項ノ變更ニ該當スヘキモノニ付キ變更ノ手數料ヲ納付セシムヘキモノトス

第二百三十五條　裁判所ハ解散及ヒ清算ノ實況ヲ監視スル權アリ

第二百三十六條　登記ヲ受クルト共ニ取締役ノ代理權ハ清算人ニ移ル然レトモ取締役ハ清算人ノ求ニ應シ清算事務ヲ補助スル義務アリ

第二百三十七條　登記後ニ爲シタル株式ノ讓渡及ヒ清算ノ目的ノ爲メニセサル財產ノ處分ハ總テ無効タリ

第二百三十八條　取締役カ總會ノ招集又ハ登記ノ屆出ヲ爲サヽリシトキハ此カ爲メ會社又ハ第三者ニ生セシメタル損害ニ付キ其全財產ヲ以テ自己ニ責任ヲ負フ

第二百三十九條　解散及ヒ清算ノ費用ハ現在ノ會社財産中ヨリ最モ先ニ之ヲ支拂フモノトス

第十三款　會社ノ清算

第二百四十條　清算人ノ職分ニ付テハ第百三十條及ヒ第百三十一條ヲ適用ス

第二百四十一條　清算人ノ職分ノ踐行ニ付テハ總會ヨリ又ハ株主若クハ債權者ノ申立ニ因リテ裁判所ヨリ清算人ニ訓示ヲ與フルコトヲ得清算人ハ其訓示及ヒ法律ノ規定ヲ遵守スル責任ヲ負フ

第二百四十二條　會社ノ債權者ノ相當ノ理由ヲ以テ爲シタル申立ニ因リ總會又ハ時宜ニ從ヒテ裁判所ハ債權者ノ利益護視ノ爲メ一人又ハ數人ノ代人ヲシテ清算ヲ監査シ又ハ清算人ニ參加セシムルコトヲ得

第二百四十三條　淸算人ハ其選定ノ日ヨリ六十日內ニ會社帳簿ニ依リテ其財產ノ現況ヲ取調ヘ少ナクトモ三回ノ公告ヲ以テ債務者ニハ其債務ノ辨濟期限ニ至リタル時直チニ之ヲ辨濟ス可ク又債權者ニハ或ル期間ニ其債權ヲ申出ツ可キ旨ヲ催告スルコトヲ要ス但其期間ハ六十日ヲ下ルコトヲ得ス

其公告ニハ債權者期間ニ申出ヲ爲サヽルトキハ其債權ヲ淸算ヨリ除斥セラルヽ旨ヲ附記ス然レトモ淸算人ハ期間ニ申出テサル債權者ト雖モ其知レタル者ヲ淸算ヨリ除斥スルコトヲ得ス

（五二）（上告論旨）　上告人ハ貸金請求事件ニ付東京控訴院カ明治廿六年六月十三日言渡シタル判決ニ對シ全部破毀ヲ求ムル旨ノ申立ヲ爲シタリ其上告第三ノ論旨（上告第一第二及七第四乃至第七ノ論旨ハ畧ス）ハ原判決第一理由中段ニ曰ク「新潟縣廳ノ回答書ニモ社員三十二名ヨリ閉社屆出タル旨記載アリテ」云々暗ニ該屆書ノ無効ヲ宣告セリ元來會社法ノ原則ニ於テ不法ノ行爲ニアラサル以上ハ多數決ニ依ルヘキ事ハ疑ナ

キ法理ナレハ僅々事情アル數名ヲ除クノ外全體社名則チ大多數ノ届出ハ疑ナク其會社ヲ代表スル者ニシテ右閉社届ノ有効ナルコトハ爭ナキ道理ナルニ原裁判所カ其無効ヲ宣告スルニ至リテハ實ニ不法ヲ免レサル判決ナリトス且ツ末段ニ於テ「且閉社シテ營業ヲ止メタリトスルモ之ヲ以テ會社ノ解散セシモノト認ム可カラス」ト判定スルニ至リテハ尤モ疑ナキ能ハス何トナレハ閉社トハ讀テ字ノ如ク解散ヲ意味スルモノニシテ且ツ營業ヲ止メタリト云フニ至テハ益々解散ノ事實ヲ確ムルモノナルニ原裁判ハ此事實ヲ擧テ直ニ「之ヲ以テ會社ノ解散セシモノト認ム可カラス」ト判定ス之レ實ニ絶命シタリ然レトモ死セスト云フト一般ニシテ理由ノ齟齬モ亦太甚シト謂ハサル可カラス結局理由ヲ附セサル不法ノ判決タルヲ免レスト云フニ在リ

（判決要領）　大審院ハ原判決ヲ破毀シ更ニ辯論及ヒ裁判ヲ爲サシムル爲メ本件ヲ東京控訴院ヘ差戻セリ其理由ニ曰ク上告論旨中殊ニ第三點ノ上告論旨即チ原判決ハ會社法ノ原則ニ違背シ及ヒ理由ヲ附セサル不法ノ裁判ナリトノ申立ニ付テ調査ヲ爲スニ際リ本院ハ上告人ノ上告論旨ニ拘ハラス原判決ハ法則ヲ不當ニ適用シタルモノナルコトヲ發見セリ原判決ノ趣旨ヲ案スルニ原裁判所ニ於テハ本件歌石炭會社ヲ認メテ一個ノ法人ト爲シタルモノト見ヘ該社ノ存否即チ其解散

シタルト否トニ從テ本訴ノ當否ヲ判斷スヘキモノト爲シ而シテ該社ハ閉社停業シタルモノトスルモ之ヲ以テ會社ノ解散セシモノト認ム可カラス然ラハ會社ハ尚ホ現存スルモノナルニ被控訴人カ之ヲ措キ各株主ニ係リ本件ノ請求ヲ爲シタルハ失當ノ第一ナリトノ理由ヲ以テ第一審判決ヲ廢棄シ原告ノ訴ヲ棄却シタリ之ヲ審案スルニ本邦會社法實施以前ニ在テハ特別ノ條例ニ依テ設立セラレタル會社社團ノ外ハ法律上法人ノ資格ヲ有セサルヲ以テ一般ノ法則トセリ故ニ本件歌石炭會社ノ如キ固ヨリ之ヲ法人視ス可キ者ニ非ス既ニ法人ニ非ストセハ所謂歌石炭會社トハ取モ直サス社員全体ヲ合シテ指稱スル所ノ假稱ニ過キス會社即チ社員ニシテ會社ト社員トハ各獨立ノ權利主体タル可キ者ニ非ス從テ會社ノ解散セルト否トニ因テ社員ノ義務ニ消長ヲ來スノ理ナシ勿論從前ハ固ヨリ民事訴訟法實施ノ後ト雖モ法人タラサル會社社團ノ名義ヲ以テ訴ヲ起シ又ハ訴ヘラルルコトヲ得ルト雖モ這ハ畢竟訴訟手續上ノ簡便ヲ圖リテ之ヲ許スノミニシテ會社ヲ相手取ニ非サレハ訴フルコトヲ得サルニ非ス然ルヲ原裁判所カ本件歌石炭會社ヲ以テ會社法實施後ノ商事會社ト同視シ會社ノ現存スルニ拘ハラス各社員ニ對シテ請求シタルヲ以テ不當ト爲シ據テ以テ第一審判決ヲ廢棄シ本件ノ訴ヲ棄却シタルハ前掲ノ法則ヲ不當ニ適用シタル違法アルモノニシテ即チ破毀ノ理

由アルモノトス（明治二十七年三月十五日大審院第一民事部判決上告人江田益盛被上告人歌石炭會社株主清水三郎治等）「本件ハ參照ノ爲メニ揭ク」

第二百四十四條　清算人ハ其期間滿了前ニ於テハ債權者ニ支拂ヲ爲シ始ムルコトヲ得ス

第二百四十五條　期間後ニ申出テタル債權者ハ會社ノ債務ヲ濟了シタル後未タ株主ニ分配セサル會社財產ノミニ對シテ其辨償ノ請求ヲ爲スコトヲ得

第二百四十六條　清算人ハ清算ノ爲メ株主ヲシテ其未タ全額ヲ拂込マサル株券ニ付キ拂込ヲ爲サシムル權利アリ

第二百四十七條　清算人ハ必要又ハ有益ト認ムルトキハ何時ニテモ總會ヲ招集スルコトヲ得又清算人ハ定欵又ハ總會ノ決議ヲ以テ定メタルトキ又ハ總株金ノ少ナクトモ五分一ニ當ル株主ヨリ

申立ツルトキハ總會ヲ招集スル義務アリ
第二百四十八條　清算人ハ委任事務ヲ履行シタル後總會ニ計算書ヲ差出シテ其認定ヲ求ム
第二百四十九條　清算人ハ前條ニ掲ケタル認定ヲ得タルトキハ會社ノ債務ヲ濟了シタル殘餘ノ財產ヲ各株主ニ其所有株數ニ應シ金錢ヲ以テ平等ニ分配ス此分配ハ總債權者ニ辨償シタル時ヨリ三个月ノ滿了ノ後ニ非サレハ之ヲ爲スコトヲ得ス
株主ハ總會ニ於テ金錢ニ非サル物ヲ以テ分配ス可キ決議ヲ爲シタルトキト雖モ之ヲ受取ル義務ナシ
第二百五十條　清算ノ終リタル後清算人ハ總計算書及ヒ一般ノ事務報告書ヲ總會ニ差出シテ卸任ヲ求ム若シ總會ニ於テ卸任ヲ許サザルトキハ裁判所ハ清算人ノ申立ニ因リ其命令ヲ以テ之ヲ許

スト否トヲ定ム但其命令ニ對シテ即時抗告ヲ爲スコトヲ得

(五三)(書式)

清算人解任命令

何市町村何番地

何々〻〻會社清算人

何　　某

右何某ノ申立ニ依リ本人及ヒ何某(當事者ノ一方)ノ説明ヲ聽キ之ヲ審査スルニ何某ハ何々〻〻會社解散ノ清算人トナリ已ニ其清算ヲ結了セシモノト認ムルヲ以テ當地方裁判所ハ商法第二百五十條ニ依リ命令スルコト左ノ如シ清算人何某ノ解任ヲ許ス

年　月　日

〻〻〻〻〻〻〻〻

〻〻〻〻〻〻

第二百五十一條　清算人ハ其行爲ニ付キ總會ノミニ對シテ責任ヲ負フ然レトモ其行爲ニ因リ或ル株主ノ一已ノ權利ヲ害シタルトキハ其株主ハ清算人ニ對シテ其權利ノ承認及ヒ損害ノ賠償ヲ求

ムルコトヲ得

第二百五十二條　清算人ハ卸任ヲ得タル後商業登記簿ニ清算結了ノ登記ヲ受ケ且之ヲ公告ス其公告ニハ清算ニ付キ生シタル會社ニ對スル請求アレハ之ヲ三个月ノ期間ニ主張ス可キ旨ノ催告ヲ附ス其請求アリタルトキハ清算人ニ於テ之ヲ辨了ス

第二百五十三條　清算中ニ現在ノ會社財産ヲ以テ會社ノ總債權者ニ完濟シ能ハサルコトノ分明ナルニ至リタルトキハ清算人ハ破産手續ノ開始ヲ爲シテ其旨ヲ公告シ且會社ノ取引先ニ通知ス此場合ニ於テ既ニ債權者又ハ株主ニ支拂ヒタルモノ有ルトキハ之ヲ取戻スコトヲ得清算人カ貸方借方ノ此ノ如キ關係ナルコトヲ知リテ爲シタル支拂ニシテ其受取人ヨリ取戻シ得サルモノニ付テハ債權者ニ對シテ其責任ヲ負フ

清算人ハ破産管財人ニ其事務ヲ引渡シタルトキハ其任ヲ終リタルモノトス

第二百五十四條　總會ノ決議ニ依リテ會社ノ帳簿及ヒ其他ノ書類ノ貯藏ヲ委任セラレタル者ノ氏名、住所ハ清算人ヨリ之ヲ裁判所ニ届出ツ可シ此届出前ニ在テハ清算人其貯藏ノ責任ヲ負フ

（五四）（質疑）　商法第二百五十四條ニ因リ株式會社ノ帳簿其他ノ書類ノ貯藏ヲ委任セラレタルモノヽ住所氏名ヲ清算人ヨリ届出タルトキハ裁判所ハ之ヲ登記簿ニ登記スヘキモノナルヤ又ハ單ニ其届書ヲ保存スルニ止マルヤ

（決答）　帳簿其他ノ書類ヲ貯藏スヘキ委任ヲ受ケタル者ノ住所氏名ハ登記スヘキモノニアラス單ニ其届書ヲ保存スルニ止ムヘキモノトス

第二百五十五條　清算ノ結果即チ左ノ事項ハ清算人ヨリ裁判所ニ届出テ且之ヲ公告ス可シ

第一　支拂又ハ示談ニ因リテ總債權者ニ辨償ヲ爲シタルコト

第二　會社ノ殘餘財產ヲ株主ニ分配シタルコト及ヒ其分配ノ金額
第三　清算費用ヲ辨濟シ及ヒ清算ニ付キ生シタル請求ヲ辨了シタルコト
第四　總會ヨリ又ハ裁判所ノ命令ニ因リテ卸任ヲ得タルコト
第五　會社ノ帳簿及ヒ書類ノ貯藏ニ關スル處置ヲ爲シタルコト
第六　會社ノ株劵又ハ債劵ノ其効力ヲ失ヒタルコト
其清算ノ結果ハ亦清算人ヨリ地方長官ヲ經由シテ主務省ニ届出ツルコトヲ要ス

第四節　罰則

第二百五十六條　業務擔當ノ任アル社員又ハ取締役ハ左ノ場合ニ

於テハ五圓以上五十圓以下ノ過料ニ處セラル

第一　本章ニ定メタル登記ヲ受クルコトヲ怠リタルトキ

第二　登記前ニ事業ニ著手シタルトキ

(五五)(書式)　過料命令原本(正本)

何市町村何番地

何々(合名合資株式)會社業務擔當社員

何　某

右何年何月日何々(合名合資株式)會社ヲ設立シ商法第七十八條ニ從ヒ十四日內ニ所轄區裁判所ニ登記ヲ爲スヘキニ之ヲ怠リ登記セサルモノナルヲ以テ同法第二百五十六條ニ依リ金五圓ノ過料ニ處ス

年　月　日

ヽヽヽヽヽヽヽヽヽヽヽヽ

ヽヽヽヽヽヽヽヽヽヽ

ヽヽヽヽヽヽ

(五六)(質疑)　商法及ヒ民事訴訟法上ノ過料ハ其性質ニ於テ換刑處分ヲ爲シ得ヘ

キモノニ非サルハ勿論ナルヘシト雖モ其過料金ヲ完納セサルトキノ處分方又ハ完納期限等ニ付テハ一ツモ法律上明文アルヲ見ス故ニ完納セサルトキハ民事上强制執行ノ方法ニ依ルノ外ナカルヘキカ又其完納期限ニ付テハ或ハ執行官ノ適宜ナル意見ニ任スルノ法意ナルカ

（決答） 過料ノ裁判アリタルトキハ裁判所又ハ檢事ノ命令ニ依リ民事訴訟法中金錢ノ債權ニ關スル强制執行ノ規定ニ從ヒ執達吏カ之ヲ執行スヘキモノトス而シテ此完納期限ニ付テハ別ニ一定シタルモノナシ（執達吏職務細則第九十七條參照）

第二百五十七條 取締役ハ左ノ場合ニ於テハ五圓以上五十圓以下ノ過料ニ處セラル

第一 株主名簿ヲ備ヘス又ハ之ニ不正ノ記載ヲ爲シタルトキ

第二 會社解散ノ場合ニ於テ總會ノ招集又ハ株主ヘノ通知ヲ怠リタルトキ

第二百五十八條 取締役ハ左ノ場合ニ於テハ二十圓以上二百圓以下ノ過料ニ處セラル

第一　第二百十六條ノ規定ニ反シ株金ノ全部又ハ一分ヲ拂戻シタルトキ
第二　第二百十七條ノ規定ニ反シ會社ノ爲メ其株劵ヲ取得シ又ハ質ニ取リ又ハ公賣セサルトキ
第三　第二百十八條又ハ第二百十九條ノ規定ニ反シ利息又ハ配當金ヲ株主ニ拂渡シタルトキ
第四　第二百二十五條ノ場合ニ於テ會社ノ金匣、財產現在高、帳簿及ヒ總テノ書類ノ檢査ヲ妨ケ又ハ求メラレタル說明ヲ拒ミタルトキ
合資會社ノ業務擔當社員カ第百五十三條ノ規定ニ反シ利息又ハ配當金ヲ社員ニ拂渡シタルトキハ亦本條ニ定メタル罰則ヲ之ニ適用ス

第二百五十九條　株式會社ノ清算人ハ左ノ場合ニ於テハ十圓以上百圓以下ノ過料ニ處セラル
第一　第二百四十三條ニ定メタル公告ヲ爲スコトヲ怠リタルトキ
第二　第二百五十三條ノ規定ニ反シ破産手續ノ開始ヲ爲スコトヲ怠リタルトキ
第二百六十條　株式會社ノ清算人ハ左ノ場合ニ於テハ二十圓以上二百圓以下ノ過料ニ處セラル
第一　第二百四十四條ノ規定ニ反シ債權者ニ支拂ヲ爲シ始メタルトキ
第二　第二百四十九條ノ規定ニ反シ株主ニ分配ヲ爲シタルトキ

第二百六十一條　前數條ニ揭ケタル過料ハ裁判所ノ命令ヲ以テ之ヲ科ス但其命令ニ對シテ即時抗告ヲ爲スコトヲ得

過料ノ辨納ニ付テハ業務擔當ノ任アル社員、取締役又ハ清算人連帶シテ其責任ヲ負フ

（五七）（質疑）　商法第二百五十六條以下第二百六十條ノ過料ハ業務擔當社員又ハ取締役清算人等ノ私財ヨリ徵收スヘキヤ將タ會社財產ヨリ徵收スヘキヤ

（決答）　商法第二百六十一條第二項ニ於テ過料ノ辨納ニ付キ業務擔當社員等ヲシテ連帶シテ責任ヲ負ハシメタルハ會社財產ヨリ過料ヲ辨納セサルカ爲メナルヲ以テ過料ハ業務擔當社員等自已ノ財產ヨリ辨納スヘキモノトス

第二百六十二條　業務擔當ノ任アル社員、取締役、監査役又ハ清算人ハ左ノ場合ニ於テハ五十圓以上五百圓以下ノ罰金ニ處セラレ情重キトキハ罰金ニ併セ一年以下ノ重禁錮ニ處セラル

第一　官廳又ハ總會ニ對シ書面若クハ口頭ヲ以テ會社ノ財產

ノ現況若クハ業務ノ實況ニ付キ故意ニ不實ノ申立ヲ爲シ又ハ不正ノ意ヲ以テ其現況若クハ實況ヲ隱蔽シタルトキ

第二　公告ノ中ニ詐僞ノ陳述ヲ爲シ又ハ事實ヲ隱蔽シタルトキ

前ニ掲ケタル者ノ外會社ノ他ノ役員及ヒ使用人カ之ト共ニ犯シタルトキハ亦右ノ罰ニ處セラル

(五八)(上告論旨)　其要旨ノ第二ニ曰ク假リニ登記公告ハ資本金ヲ積立サレハ之ヲ受クルコトヲ得ストスルモ上告人等ハ自ラ公告ヲ爲シタルニアラス區裁判所判事カ爲シタル公告ナレハ商法第二百六十二條第二號ヲ犯シタルニアラス然ルニ原院カ同條ニ依リ上告人等ニ罰金ノ言渡ヲ爲シタルハ違法ナリト云フニ在リ

(判決要領)　ニ曰ク商法第十九條ニ依リ區裁判所ノ手ヲ經テ爲シタル公告中ニ詐僞ノ記載アルモノハ同法第二百六十二條ニ依リ處罰ヲ受クヘキモノナルヲ以テ上告論旨ハ其理由ナシ

第二百六十三條　發起人カ株式申込ニ付キ詐僞ノ記載ヲ爲シタル

トキハ二十圓以上二百圓以下ノ罰金ニ處セラル

第二百六十四條　前二條ニ掲ケタル罰ニ處スルニハ刑事裁判上ノ手續ヲ以テス

第五節　共算商業組合

第二百六十五條　共算商業組合ノ契約ハ會社ニ關スル本法ノ規定ニ從フコトヲ要セス其契約ニ因リテ商事會社及ヒ會社財産ハ成立セス

(五九)(上告論旨)　上告論旨第四點及ヒ同追加第六點ハ原判決ノ如ク須田藤次郎ト被上告人トノ間ニハ抵當ノ効アルモノト假定スルモ甲第一號證規約ハ被上告人ノ認諾シタルモノナルニ依リ營業ノ目的物ニ付テハ該證第七條第九條ノ期間内即チ明治三十三年十月三十一日マテハ賣買讓與ヲ爲ス可カラサルヲ以テ被上告人ハ上告人ニ對シ抵當權ノ執行ヲ猶豫ス可キハ當然ナリ抵當權ノ存在ト其執行ヲ猶豫ス可キ義務トハ並立シテ相戻ラス然ルニ原院ハ此明瞭ナル事實法理ヲ誤解シ藤次郎ニ對スル抵當權ヲ認ムルト同時ニ上告人ニ對スル義務ノ消滅シタ

ルモノト爲シタルハ法則ニ違背シ且ツ理由ヲ付セサル不法ノ裁判ナリト云フニ在リ

（判決要領）　案スルニ組合員カ組合ニ其財產ヲ抵當トシ貸金ヲ爲スヲ得サルノ理由ナケレハ組合營業ノ目的タル物件ニ付抵當權ヲ有スル者カ組合ニ同盟スルモ爲メニ抵當權ノ消滅スルモノニ非ス然レトモ被上告人ハ組合ニ同盟スル以上ハ其規約ヲ遵守スルノ義務アルモノナレハ若シ規約ニ從ヒ組合ノ營業物件ヲ一定ノ時期マテ賣買スルヲ得サルトキハ其時期迄ハ假令貸金ノ辨濟ヲ受クル時期到來スルモ抵當權ヲ執行スル爲メ組合ノ物件ヲ競賣セシムルコトヲ得サルモノナリ依テ本件ノ裁判ヲ爲スニ付テハ組合ノ規約如何ヲ審查セサル可カラス然ルニ原院ハ契約ヲ無視シ從テ甲第一號證ニ付何等ノ判斷ヲ與ヘスシテ裁判シタルハ法則ニ違背スル不法ノ裁判ニシテ破毀ヲ免カレサルモノトス（明治二十七年二月十六日大審院判決上告人山本治兵衞外二名被上告人河合友七）

（六〇）（上告論旨）　上告第二點ハ凡ソ組合組織ヲ以テ成立スル商社ハ法律上一個ノ無形人ニアラサルカ故ニ其株主タル組合員ト相分離シテ特ニ權利ヲ得義務ヲ負ヒ及ヒ訴ヲ爲シ訴ヲ受ク可キモノニアラス故ニ其商社ノ行爲ハ株主全體ノ行爲ニシテ株主全體ノ行爲ハ即チ商社ノ行爲ナリトス可キハ法律上爭フ可カラサ

ル事理ナリ然ラハ商社ノ債務ニ關シ其債權者ハ商社其者ヲ對手トスルモ或ハ其株主全體ヲ訴フルモ各其自由ナルト同時ニ商社ノ債權ニ付訴ヲ起スニ當リ商社ノ名ヲ以テスルモ或ハ株主全體ノ名ヲ以テスルモ亦タ其隨意ナリト云ハサル可カラス夫レ本件ハ元來被上告人カ高橋七重郎ニ對シ支拂ヒタル委託物品ノ代價ハ物産商會即チ株主全體ノ債務ニ屬スルモノナルカ故ニ本案辨償金ヲ請求スルニ當テモ商會即チ株主全體ノ債務トシテ上告人等ヲ對手トシタルモノナリ既ニ商會ノ債務ニ付キ株主全體タル上告人等ハ其訴ヲ受クルトセハ此ノ爭ニ關シ上告人等ノ行爲ハ即チ商會ノ行爲トナスヲ得ヘク從テ上告人等ニ於テ均ク商會ノ債權ニ屬ス可キモノニ就キ株主全體タルノ廉ヲ以テ反訴ヲ起シ得ヘキハ亦タ理ノ當然ナリトス然ルニ原院ニ於テ「今其債權ヲ原由トシテ出訴スルノ權利ヲ有スルモノハ獨リ商會ヲ代表スル資格アル者ニ限ルヲ以テ是等ノ資格ヲ以テセサル當控訴人ノ如キハ決シテ本件ノ反訴ヲ提起スヘキ權利ナキモノトス」ト判定セラレタルハ組合會社ノ原則ニ背キシ不法ノ裁判ナリ何トナレハ上告人等ハ即チ商會ノ株主全體ニシテ是ヨリ外ニ株主ナク商會ヲ代表スヘキ人物ノ必要毫モ之レ無ケレハナリト云フニ在リ

（判決要領）　案スルニ組合組織ヲ以テ成立スル本訴物産商會ノ如キハ法律上一ノ

無形人ニ非サルカ故ニ其株主ナル組合員全體ハ即チ商會ナリトス而シテ原裁判所ノ認ムル事實ニ依レハ當初高橋七重郎カ該商會ノ株主全員ニ係ル物品取戻シノ訴ニ對セシ裁判ニ於テ上告人被上告人ヘ連帶義務ヲ負擔セシメタルニ原因シ本訴被上告人ハ七重郎ニ對シ支拂ヒタル金員ヲ商會全員ノ株數ニ分割シ被上告人ノ分擔額ヲ控除シタル殘金ヲ上告人等ニ係リ其償還ヲ訴求シタルモノナレハ別ニ各個人間ノ債務ニ非スシテ即チ商會ノ債務タルヤ明確ナリ然ラハ該商會ノ株主ハ既ニ脱社シタル川村豊吉新井猶政ト闕席判決ヲ受タル加賀三右衛門ヲ除ケハ其全員ハ上告人ナルヲ以テ本訴辨償金義務ノ認諾ヲ爲スト同時ニ反訴ニ依リ被上告人カ商會ニ對シテ負擔スヘキ債務ノ精算及ヒ相殺ヲ要求スルヲ得ヘキハ當然ナルカ故ニ原判決ノ反訴ヲ斥ケタルハ上告論旨ノ如ク普通組合會社ノ法則ヲ適用セサル即チ民事訴訟法第四百三十五條ニ該當セシ不法アルモノトス

（明治二十六年二月十四日大審院判決上告人長谷新吉外四人被上告人佐藤清吉）

第二百六十六條　二人以上共通ノ計算ヲ以テ一時ノ商取引又ハ作業ヲ爲スヲ當座組合トシ契約實行ノ爲メ其一二ノ組合員若クハ總組合員ニ於テ又ハ共同代理人ヲ以テ爲シタル行爲ニ付テハ第

三者ニ對シテ各組合員直接ニ連帶ノ權利義務ヲ有ス

第二百六十七條　二人以上各自別箇ニ一時ノ商取引若クハ作業ヲ爲シ又ハ商業ヲ營ムト雖モ此ニ因リテ生スル損益ヲ共分スルコトヲ契約シタルモノヲ共分組合トシ各組合員亦前條ニ掲ケタルト同シキ連帶ノ權利義務ヲ有ス然レトモ他ノ組合員ノ爲シタル行爲ヨリ生スル請求ニ對シテハ先訴ノ抗辯ヲ爲ス權利アリ

第二百六十八條　或人カ損益共分ノ契約ヲ以テ他人ノ商取引又ハ商業ニ出資ヲ供シテ之ヲ其者ノ所有ニ移シ商號ニ自己ヲ表示スル名稱ヲ顯ハサス又業務施行ニ與カラサルモノヲ匿名組合トシ其營業者ノ行爲ニ付キ第三者ニ對シ出資未濟ノ場合ニ於テ其出資ノ額ニ滿ツルマテヲ限リ義務ヲ負フ

代務人又ハ商業使用人ト爲リテ用務ヲ辨スルハ業務施行ニ與カルモノト看做サス

第二百六十九條　匿名組合ノ損益共分ノ割合ハ明約アルニ非サレハ營業資本總額ニ對スル出資額ノ比例ヲ以テ之ヲ量定ス

第二百七十條　利益ハ損失ニ因リテ減シタル出資ヲ塡補シタル後ニ非サレハ之ヲ分配スルコトヲ得ス然レトモ匿名員ハ受取期限ニ至リテ未タ受取ラサル利益又ハ既ニ受取リタル利益ヲ以テ其後ニ生シタル損失ヲ補充スル義務ナシ

第二百七十一條　匿名組合ノ契約ハ其契約ニ於テ時期ヲ定メサリシ時ハ六个月前ノ豫告ヲ以テ之ヲ解除スル事ヲ得又其契約ハ營業者ノ破産家資分産若クハ死亡又ハ其營業ノ廢止ヲ以テ終ル

第二百七十二條　契約解除ノ場合ニ於テハ匿名員ノ負擔ニ歸ス可

キ損失及ヒ債務ヲ引去リタル後其出資額ヲ之ニ拂戻スコトヲ要ス

第二百七十三條　匿名員ハ契約解除ノ場合及ヒ毎事業年度ノ終ニ於テ計算書ノ差出ヲ求メ及ヒ商業帳簿竝ニ書類ヲ展閲調査センコトヲ求ムル權利アリ

此規定ハ第二百六十六條及ヒ第二百六十七條ニ掲ケタル場合ニモ亦之ヲ適用ス

第十二章　手形及ヒ小切手

總則

第六百九十九條　手形ハ或ル金額カ支拂ハル可キ旨ヲ明記シ指圖式又ハ無記名式ニテ發行スル信用證劵タリ

手形ニハ條件ヲ付スルコトヲ得ス

（六一）（上告論旨）　上告第二點ハ本件ノ手形ハ明カニ其宛名ヲ記載セシ者ナレハ宛名人若クハ其差圖ニ依ラサレハ上告人ニ於テ之ヲ支拂フヘキノ義務ナシ被上告人ノ如ク債權ノ買得者ハ上告人ニ向テ支拂ヲ求ムルノ權利ナキモノナルニ原控訴院ハ恰モ之ヲ純然タル約束手形ト同一視セラレシハ明カニ制定法ニ反クノ判決ナリト云ニアリ而シテ其制定法トハ銀行條例爲替手形約束手形條例及明治九年第九十九號布告等ヲ指稱スル旨申立タリ

（判決要領）　案スルニ本訴主要ノ爭論タル被上告人ハ本案手形ハ一種ノ流通手形ニシテ占有ニ依リ權利移轉ヲ認メタルモノニ付製傘商會株主タル上告人ニ對シ之カ仕拂ヲ求ムト云ヒ上告人ハ該手形ハ條例ニ依レルモノニ之レナク商會ノ株主又ハ商會定款ヲ承認セル取引人ニ限リ振出シタルモノナレハ流通手形ノ如ク宛名本人若クハ本人ノ指定セル持參人ニアラサル被上告人ニ對シ之カ仕拂ヲ爲スヘキ者ニアラスト云ニアリ而シテ原裁判ハ被上告人ノ申立ヲ事實ナリト認メタル末上告人ニ義務ノ辨濟ヲ命シタルモノナリ然レトモ國立銀行ニアラスシテ手形條例ニヨラサル流通手形ヲ發行スルコトノ禁止セラレアルコトハ銀行條例第八十八條ニ明示スル處ナレハ裁判上之ヲ有効トシテ裁判ヲ爲スコト能ハサルハ言ヲ俟タサル所ナリ然ルニモ拘ラス原院カ右ノ如キノ裁判ヲ爲シタルハ不法

ニ付破毀スルヲ當然ナリトス（明治二十六年二月十日大審院判決上告人宮田吉三郎外五名被上告人小擾元太郎外一名）「本件ハ參照ノ爲メニ掲ク」

第七百條　商ヲ爲スコトヲ得ル各人ハ爲替義務ヲ負フコトヲ得

第七百一條　手形ニ爲替無能力者ノ署名アルモ其他ノ署名ノ効力ハ此カ爲メニ妨ケラルルコト無シ

第七百二條　手形ノ要件ヲ外觀ノ爲メニノミ記入シタル手形ハ其情ヲ知リタル者ノ爲メニハ之ヲ手形ト看做サス

第七百三條　他人ヨリ特ニ委任ヲ受クルコト無ク又ハ代理ノ事實ヲ明記スルコト無クシテ他人ノ爲メニ手形ニ署名スル者ハ此ニ因リテ自己ニ責任ヲ負フ

第七百四條　手形ノ受取人ハ直チニ振出人ニ對シ又其後ノ各所持人ハ其前者ヲ經由シテ振出人ニ對シ番號ヲ記シタル同文ノ手形

數通ノ交付ヲ求ムルコトヲ得
手形ノ各所持人ハ需用ニ應シテ自ラ手形ノ謄本ヲ作ルコトヲ得
第七百五條　手形ハ其文言ニ因リテ直接ニ義務ヲ負ハシム但法律又ハ商慣習ニ依リテ例外ト爲ス可キノモノハ此限ニ在ラス
第七百六條　法律上ノ要件ヲ掲ケサル手形又ハ其要件ト共ニ違法ノ事項ヲ掲ケタル手形又ハ文言カ互ニ牴觸シ其牴觸ヲ法律ノ許セル方法ヲ以テ取除クコトヲ得サル手形ハ無効タリ
第七百七條　手形上ノ重要ナラサル附記ハ法律上ノ要件ニ適スル手形ノ文言ノ効力ヲ妨クルコト無ク又爲替上ノ義務ヲ生セシムルコト無シ
第七百八條　僞造又ハ變造ノ手形ハ手形トシテ其効ヲ有ス然レトモ僞造、變造ニ因リテ義務ヲ生スルコト無シ但一旦生シタル義

務ハ變更セサルモノトス

僞造、變造ニ付テノ異議ハ其僞造、變造ヲ爲シタル者又ハ其情ヲ知リテ手形ヲ取得シタル者ニ對シテ之ヲ起スコトヲ得

第七百九條　爲替義務ハ其負擔ニ關シテハ手形ニ記載シタル地ノ法律ニ從ヒ若シ其地ヲ記載セサルトキハ債務者ノ住所ノ法律ニ從ヒテ之ヲ定メ又其履行ニ關シテハ履行ヲ爲ス可キ地ノ法律ニ從ヒテ之ヲ定ム

爲替上ノ權利ヲ行使シ及ヒ保全スル爲メニスル行爲ハ其行爲ノ地ノ法律ニ從ヒテ之ヲ爲スコトヲ要ス但手形ニ其他ノ地ヲ記載シタルトキハ此限ニ在ラス

第七百十條　手形又ハ小切手ノ占有者ニシテ正當ノ方法ニ依リ且甚シキ怠慢ニ出テスシテ之ヲ取得シタル者ハ其手形又ハ小切手

若クハ其代金ノ引渡ノ請求ニ應スル義務ナシ但其占有ノ原因消滅シタルトキハ此限ニ在ラス

第七百十一條　盜取セラレ又ハ紛失シ若クハ滅失シタル手形及ヒ小切手ニ付テハ第四百三條ノ規定ヲ適用ス

第七百十二條　爲替手形ノ引受人又ハ約束手形ノ振出人ニ對スル爲替上ノ請求權ハ滿期日ヨリ三个年ヲ以テ時効ニ罹リ又所持人若クハ裏書讓渡人ヨリ振出人若クハ前裏書讓渡人ニ對スル償還請求權ハ請求ノ通知ヲ爲シタル日ヨリ三个年ヲ以テ時効ニ罹ル」時効ハ訴ヲ起シ其他各箇ノ裁判上ノ手續ヲ爲スニ因リテ中斷セラレ又裁判所ノ判決ニ依リ又ハ書面ニ明示シテ債務ヲ承認シ新債務ト爲シタルニ因リテ消滅ス

（六二）（上告論旨）　原裁判所カ本訴ヲ民事訴訟法第四百九十五條ニ適合スルモノ

、如ク判決シタルハ爲替訴訟必要條件ノ欠缺アルニ拘ハラス爲替訴訟ノ法則ヲ適用シタルモノニテ不法ナリ民事訴訟法第四百九十五條ニハ爲替訴訟ハ支拂地ノ裁判所ニ提起スルヲ得ル旨記載アレ𪜈其爲替訴訟ヲ爲スニハ訴狀ニ特ニ爲替訴訟トシテ訴フル旨ヲ掲クルコトヲ要スルコトハ同法第四百九十四條同第四百九十六條ノ規定スル所ナリ然ラハ原裁判所ノ云フカ如キ第四百九十五條ヲ適用スルニハ商法ニ規定スル手形ノ請求ニシテ訴狀ニ爲替訴訟トシテ訴フル旨ノ記載アルトキニ限ルコト勿論ナレハ本訴ノ如キ訴狀ニ爲替訴訟トシテ訴フル旨ノ記載ナク又爲替訴訟トスル申立モナキモノニ對シ同法第四百九十五條ヲ適用スヘカラサルコト勿論ナルヘシ況ンヤ未タ商法ノ實施ナキ今日ニ於テ商法ニ規定シタル手形ノアルヘキ筈ナキヲヤ是レ原判決ハ民事訴訟法爲替訴訟ノ原則ヲ不法ニ適用シタリト云フ所以ナリト云フニ在リ

(判決要領) 本件ニ付キ大審院ハ原判決ヲ破毀スルノ言渡ヲ爲シタリ其理由ニ曰ク商法ヲ實施セラレサル以前ト雖モ手形ノ如キ商法ニ屬スヘキ性質ヲ具有スルモノニ付テハ民事訴訟法第四百九十四條ニ準據シ特別ノ規定ヲ準用スルヲ得ヘキハ勿論ニ付キ上告論旨ノ内此點ニ關スル申立ハ採用スヘキ限リニアラスト雖モ其他ノ申立ハ理由アル申告ナリトス如何トナレハ民事訴訟法第四百九十四條

ニ商法ニ規定シタル手形ニ因ル請求ヲ證書訴訟ヲ以テ主張スルトキハ爲替訴訟トシテ以下二條ニ揭クル特別規定ヲ適用ストアリ而シテ同法第四百九十六條ニ訴狀ニハ爲替訴訟トシテ訴フル旨ヲ揭クルコトヲ要ストアレハ此手續ヲ爲サヽルモノハ同法第四百九十五條ニ在ル特別規定卽チ支拂地ノ裁判所ニ起訴スルヲ得ルト云フ如キコトヲ適用スルヲ得サルハ言ヲ俟タサル所ナルニ原裁判ハ此必要條件ヲ具備セサル本件ニ對シ之ヲ適用シタレハナリ依テ之ヲ破毀スルヲ相當ナリトス（明治二十六年六月二十六日大審院第二民事部判決上告人渡邊治被上告人大橋熊吉）

第七百十三條　一覽拂又ハ一覽後定期拂ノ手形ニ在テハ時効ハ呈示ニ付キ規定セラレタル期間ノ滿了ヨリ始マル但其滿了前ニ呈示ヲ爲シタルトキハ此限ニ在ラス

第七百十四條　手形ヨリ生スル請求權ヲ時効ニ因リ又ハ法律ニ規定シタル行爲ヲ怠リタルニ因リテ失ヒタル者ハ其失ヒタルニ拘ハラス支拂人、振出人又ハ裏書讓渡人ニ對シ此等ノ者カ支拂ハサル爲替資金若クハ取戻シタル爲替資金ニ因リテ己レヲ利シタ

ル限度ニ於テ右請求權ヲ主張スルコトヲ得第七百十一條ノ場合ニ係ルモノト雖モ亦同シ

第七百十五條　總テ手形ニ署名ヲ爲シタル者ハ此ニ因リ連帶シテ義務ヲ負擔ス然レトモ此連帶義務ハ各義務者ニ於テ特立ノモノトス

爲替ノ訴ハ其總員ニ對シ又ハ其一人ニ對シテ之ヲ起スコトヲ得

第一節　爲替手形

第一款　振出

第七百十六條　爲替手形ニハ左ノ諸件ヲ記載スルコトヲ要ス

第一　振出ノ年月日及ヒ場所

第二　爲替金額但文辭ヲ以テ記ス可シ

第三　支拂人ノ氏名

第四　受取人ノ氏名又ハ其指圖セラレタル人若クハ所持人ニ支拂フ可キ旨及ヒ滿期日竝ニ支拂地

第五　振出人ノ署名、捺印

第七百十七條　振出人ハ爲替手形ヲ自己ノ指圖ニテ振出シ又ハ自己ニ宛テ振出スコトヲ得

第七百十八條　爲替手形ノ金額二十五圓以上ナルトキハ無記名式ニテ振出スコトヲ得

第七百十九條　滿期日ハ定マリタル日又ハ日附ノ後定マリタル期間又ハ一覽ノ時又ハ一覽後定マリタル期間ニ於テノミ之ヲ定ムルコトヲ得

第七百二十條　爲替手形ニ滿期日ヲ記載セサルトキハ其手形ハ一覽ノ時ニ滿期ト爲ル

第七百二十一條　支拂人ノ住地又ハ其他ノ地（他所拂爲替手形）ハ支拂地トシテ之ヲ記載スルコトヲ得他ノ地ヲ記載シタル場合ニ在テ爲替手形ニ支拂ノ爲メ他人（他所拂人）ヲ明記セサルトキハ支拂人ハ其記載シタル地ニ於テ支拂ヲ爲スコトヲ要ス

第二欵　裏書

第七百二十二條　爲替手形ノ受取人及ヒ其後ノ各所持人ハ若シ其手形ニ反對ヲ明記セサルトキハ裏書ヲ以テ之ヲ他人ニ轉付スルコトヲ得

第七百二十三條　裏書ニハ其年月日、塲所、裏書讓渡人ノ署名、捺印及ヒ裏書讓受人ノ氏名アルコトヲ要ス然レトモ裏書讓渡人ノ署名捺印ノミヲ以テモ亦裏書讓渡ヲ爲スコトヲ得

（六三）（上告論旨）　上告第六點ハ記名證劵ノ讓渡ハ債務者ニ相當ノ告知ヲ爲スカ

又ハ其承諾ヲ得ルニアラサレハ債務者ニ對シ効力ヲ生セサルコトハ法理上明白ナリ故ニ若シ原院ニ於テ甲第一號證證劵ハ裏書ヲ以テ移轉スルコトヲ得サル記名證劵ナリト認定シタルモノナランニハ上告人ニ甲第一號證證劵讓渡ノ適當ノ通知アリタルノ證據ナク又上告人カ之ヲ承諾シタル證據ナキ限リハ假令甲第二號證カ眞正ニ其日附ニ成立シタリトスルモ尙ホ之ヲ以テ上告人ニ對シ債權讓受渡ノ効ヲ生スルヲ得スト判示スヘキ筋合ナリ然ルニ原院ハ「但其讓渡ノ形式ハ明治九年第九十九號布告ニ依ラサリシト雖モ此規則タル金穀等借用證書ノ讓渡アル場合ニ適用スヘキ限定法律ナレハ本件ノ如キ送金手形ノ讓渡ニハ適用スルヲ得ス」ト說明シ去リテ告知若クハ承諾ノ有無ヲ問ハサリシハ記名證劵ノ讓渡ハ債務者ニ告知スルカ又ハ其承諾ヲ得サレハ之ニ對シ効ヲ生セストノ法則ヲ適用セサル不法アルモノナリ又契約ハ當事者及ヒ其承繼人間ニ限リ効力ヲ生スルモノニシテ第三者ハ之ニ依リ權利ヲ得義務ヲ負ハサルハ是亦明白ナル法理ナリ故ニ上告人ト靜岡第三十五國立銀行トノ間ニ「コルレスポンデンス」ノ契約アリテ上告人ハ同國立銀行ノ發シタル送金手形ヲ必ス仕拂ノ義務アルモノトスルモ其義務ハ上告人カ靜岡第三十五國立銀行ニ對シ負フ處ノ義務ニシテ手形所持人ニ對スル義務ニアラス故ニ上告人カ手形ノ仕拂ヲ拒ムトキハ靜岡第三十五國立

銀行ニ對シ責ニ任スヘキモ手形所持人ハ上告人ニ仕拂ヲ强要スルヲ得ス手形所持人ハ引受アル迄ハ其仕拂人ニ對シテ何等ノ權利ヲ有セサルモノナリ然ルニ原院ハ「此關係ニ在ル銀行ハ互ニ送金手形ノ仕拂ヲ引受居ルヲ以テ特ニ所持人ニ對シ支拂ヲ約スルヲ須タスシテ之ヲ拒ムコトヲ得ス」ト說明シタルハ靜岡第三十五國立銀行ニ對スル義務ト手形所持人ニ對スル義務トヲ混同シタルモノニシテ契約ノ効力ハ第三者ニ及ハサル法則ヲ適用セサル不法アルモノナリト云フニ在リ

（判決要領）　上告第六點ニ對スル理由ハ甲第一號證送金手形ハ既ニ上告第三點ニ付說明セシ如ク所持人證劵ナルカ故ニ其手形ヲ支拂フヘキ者ニ告知ヲ爲シ又ハ其承諾ヲ得ルカ如キ手續ヲ爲サヽレハ其支拂人ニ對シテ讓受渡ノ効ヲ生セスト謂フヘキ者ニ非ス又交互通信「コルレスポンデンス」ノ契約ハ即チ其當事者タル銀行ノ一方ヨリ他ノ一方ニ對シ手形ヲ以テ支拂ノ命令ヲ發スルトキハ其支拂ヲ受取ルヘキ手形所持人ノ何人タルヲ問ハス其命令ニ從ヒ支拂ヲナスヘシトノ契約ニ外ナラサレハ手形所持人ニ支拂ヲ爲スハ原院說明ノ如ク即チ銀行ニ對スル承諾ノ履行ニ外ナラス故ニ原判決ハ上告論旨ノ如キ義務ヲ混同シタル不法アルモノニ非ス（明治二十七年四月十二日大審院第一民事部判決上告人笠井銀行頭取橫田義兵衛被上告人細田寫平）「本件ハ參照ノ爲メニ掲ク」

第七百二十四條　裏書ニハ其日ヨリ前ノ日附ヲ爲スコトヲ禁ス之ニ違フトキハ僞造、變造ノ刑ニ處ス

第七百二十五條　無記名式ニテ振出シ又ハ裏書讓渡人ノ署名捺印ノミヲ以テ裏書讓渡ヲ爲シタル爲替手形ハ交付ノミヲ以テ之ヲ轉付スルコトヲ得

第七百二十六條　爲替手形ハ滿期後ト雖モ裏書讓渡ヲ爲スコトヲ得又代理若クハ擔保ノ爲メ裏書讓渡ヲ爲スコトヲ得

第七百二十七條　支拂ノ爲メニスル呈示及ヒ拒證書ノ作成ヲ事情ニ因リテ正當時期內ニ爲スコトヲ得サル爲替手形ノ裏書讓渡ハ滿期後ノ爲替手形ノ裏書讓渡ニ同シ

第七百二十八條　滿期後ノ爲替手形ノ裏書讓渡ハ其裏書讓渡人ノ權利及ヒ義務ノミヲ裏書讓受人ニ轉付スルモノトス然レトモ裏

書讓受人ハ滿期後ニ爲替手形ノ裏書讓渡ヲ爲シタル各人ニ對シテ如何ナル方式ニモ覊束セラレス且獨立シタル償還請求權ヲ取得ス

第七百二十九條　代理ノ爲メ又ハ擔保ノ爲メニスル裏書讓渡ハ其目的ヲ爲替手形ニ記載セサルトキハ第三者ニ對シテ眞ノ裏書讓渡タリ

第七百三十條　代理ノ爲メニスル裏書讓渡ニシテ其目的ヲ記載シタルトキハ其裏書讓受人ハ裏書讓渡人ノ權利及ヒ義務ヲ行フ但特別ノ記載アルニ非レハ眞ノ裏書讓渡ヲ爲スコトヲ得ス

第七百三十一條　擔保ノ爲メニスル裏書讓渡ニシテ其目的ヲ記載シタルトキハ其裏書讓受人ハ裏書讓渡人ト同一ノ權利義務ヲ行フ但債權ノ辨濟ヲ受ケサル場合ノ外眞ノ裏書讓渡ヲ爲スコトヲ

得ス

第七百三十二條　裏書讓渡人ハ各裏書讓渡人ノ順序ヵ裏書讓受人ニ至ルマテ問斷ナキトキニ限リ裏書讓受人ノ爲メ効力アリ但代理又ハ擔保ノ爲メ裏書讓渡ヲ爲シタル爲替手形ハ裏書讓渡人ニ於テ更ニ裏書讓渡ヲ爲スコトヲ得

第七百三十三條　裏書讓渡ノ法律上ノ効力ハ爲替手形ニ裏書讓渡ヲ禁スル旨ヲ記載シタルカ爲メ之ヲ失フコト無シ但之ヲ禁シタル者ニ對スル償還請求權ハ此カ爲メニ消滅ス

第三款　引受

第七百三十四條　爲替手形ノ所持人ハ其手形ニ別段ノ記載ナキトキハ滿期日前ニ引受ノ爲メ支拂人ニ之ヲ呈示スルコトヲ得若シ支拂人其引受ヲ爲サヽルトキハ拒證書ヲ作ルコトヲ得

振出人ハ所持人ニ於テ引受ノ爲メ其手形ノ呈示ヲ爲ス可ク若シ爲サヽルトキハ償還請求權ヲ失フ可キ旨ヲ記スル事ヲ得此場合ニ於テ支拂人引受ヲ爲サヽルトキハ其翌日拒證書ヲ作ル可シ

第七百三十五條　一覽後定期拂ノ爲替手形ハ別ニ短キ呈示期間ノ記載ナキトキハ日附後遲クトモ二个年內ニ引受ノ爲メ之ヲ呈示ス可シ若シ之ヲ呈示セサルトキハ振出人及ヒ裏書讓渡人ニ對スル償還請求權ヲ失フ

支拂人カ方式ニ依レル引受ヲ拒ミ若クハ引受ノ日附ヲ爲スコトヲ拒ムトキハ拒證書ヲ作ルコトヲ得此場合ニ於テハ拒證書作成ノ日ヲ以テ呈示ノ日ト看做ス若シ拒證書ヲ作ラサルトキハ呈示期間ノ末日ヲ以テ呈示ノ日ト看做ス但其翌日迄ニ拒證書ヲ作ラサルトキハ振出人及ヒ裏書讓渡人ニ對シテ擔保ヲ求ムルコトヲ

得ス

第七百三十六條　引受ハ支拂人カ爲替資金ヲ受取リタルト否トヲ問ハス爲替手形ノ所持人ニ對シテ滿期日ニ爲替金額ヲ支拂フ義務ヲ支拂人ニ負ハシム又所持人ニ引受ノ旨ヲ記シタル爲替手形ヲ還付シタル後ハ强暴又ハ詐欺ノ塲合ヲ除ク外之ヲ取消スコトヲ得ス

第七百三十七條　引受ハ支拂人カ爲替手形ニ引受ノ旨ヲ記シテ署名捺印ヲ爲シ又ハ署名捺印ノミヲ爲スニ因リテ成ル此方式ニ依ヲサル引受ノ效力ハ第八百五條ノ規定ニ從フ

第七百三十八條　即日ニ引受ヲ爲サス又ハ條件若クハ其他ノ制限ヲ以テ之ヲ爲シタルトキハ引受人ハ其引受ノ爲メ當然羈束セラルルモ所持人ハ之ヲ拒ミタリト看做スコトヲ得若シ爲替金額ノ

一分ニ付テノミ引受ヲ爲シタルトキハ他ノ部分ニ付テハ其引受ヲ拒ミタリト看做ス

第七百三十九條　所持人引受ノ拒證書ヲ作リタルトキハ其作成ヲ遲延ナク振出人又ハ裏書讓渡人ニ通知ス可シ

右ノ通知ヲ爲シタル所持人ハ振出人又ハ裏書讓渡人ニ對シテ爲替金額及ヒ拒證書ノ費用竝ニ戻爲替ノ費用ヲ滿期日ニ支拂フコトニ付テノ擔保ヲ求ムル權利ヲ有シ各裏書讓渡人ハ自ラ擔保ヲ爲シタルト否トヲ問ハス前者ニ對シテ右同一ノ權利ヲ有ス但拒證書ノ交付ヲ受クルニ非サレハ擔保ヲ供スル義務ナシ

當事者ノ一人カ爲シタル通知及ヒ其受ケタル擔保ハ其後者總員ノ爲メニモ效力アリ

第七百四十條　振出人及ヒ裏書讓渡人ハ擔保ヲ爲スニ換ヘテ前條

ニ掲ケタル一切ノ金額ヲ即時ニ所持人ニ支拂ヒ又ハ即時ニ供託所ニ寄託スルコトヲ得

第七百四十一條　擔保又ハ寄託ハ後ニ至リ爲替手形ノ引受アリタルトキ又ハ爲替金額若クハ償還金額ノ支拂アリタルトキ又ハ所持人カ時効若クハ懈怠ニ因リテ爲替手形上ノ權利ヲ失ヒタルトキハ其生シタル費用ヲ引去リテ之ヲ還付スルコトヲ要ス

第七百四十二條　第七百四十條ノ規定ニ從ヒテ爲替金額及ヒ費用ヲ所持人ニ支拂ヒタル者ハ其所持人ニ對シテ裏書讓渡ヲ求メ且爲替手形ト共ニ受取證ヲ記シタル償還計算書ノ交付ヲ求ムルコトヲ得

第四款　榮譽引受

第七百四十三條　支拂人カ引受ヲ拒ミタル爲替手形ニ同地ニ於ケ

ル豫備支拂人ヲ掲ケタルトキハ其爲替手形ヲ拒證書ト共ニ引受ノ爲メ遲延ナク豫備支拂人ニ呈示ス可シ

第七百四十四條　豫備支拂人ヲ掲ケサルトキト雖モ支拂人及ヒ第三者ハ拒マレタル爲替手形ヲ振出人又ハ裏書讓渡人ノ榮譽ノ爲メニ引受クルコトヲ得然レトモ所持人ハ此ノ如キ參加ヲ許諾スル義務ナシ

第七百四十五條　二人以上ノ參加人アルトキハ最モ多數ノ義務者ノ榮譽ノ爲メニ引受ヲ爲ス者ヲ榮譽引受人トス若シ受榮譽者ヲ記載セサルトキハ振出人ヲ受榮譽者ト看做ス

第七百四十六條　豫備支拂人ノ引受其他所持人カ許諾シタル參加人ノ引受ハ受榮譽者及ヒ其後者ニ擔保ヲ供スル義務ヲ免カレシム

第七百四十七條　榮譽引受ハ支拂人カ支拂ヲ爲サヽルトキニ於テ參加人ニ滿期後爲替金額ヲ支拂フ義務ヲ負ハシム

第七百四十八條　榮譽引受ハ參加人爲替手形ニ之ヲ記載シテ署名捺印シ且拒證書若クハ其附箋ニ之ヲ記載スルコトヲ要ス

（六四）（質疑）　商法第七百四十八條ノ場合ニ於テ執達吏若クハ公證人カ支拂拒證書ノ本紙又ハ附箋ニ榮譽引受ノ旨ヲ記載シタルトキハ拒證書ノ原本ヲ作リタルト同一ノ手數料ヲ收受スルコトヲ得ヘキヤ

（決答）　商法第七百四十八條ノ場合ニ於テハ榮譽引受人ニ於テ榮譽引受ノ旨ヲ記載スヘキモノニシテ執達吏又ハ公證人ニ於テ右ノ記載ヲ爲スヘキモノニアラサレハ隨テ手數料ノ問題ヲ生セサルナリ

第七百四十九條　拒證書ハ拒證書費用ノ辨償ヲ受ケタル上之ヲ參加人ニ交付シ參加人ハ遲クトモ拒證書作成ノ翌日受榮譽者ニ榮譽引受ヲ爲シタル旨ヲ通知シテ拒證書ヲ送付スルコトヲ要ス若

シ此事ヲ怠ルトキハ此ニ因リテ生スル損害ニ付キ責任ヲ負フ

第七百五十條　受榮譽者及ヒ其前者ハ擔保ヲ求ムル權利ヲ有ス然レトモ所持人ハ第七百四十四條ニ依リテ榮譽引受ヲ許諾セサルトキニ非サレハ之ヲ有セス

第五款　保證

第七百五十一條　爲替手形ニ於テ爲替債務者ノ署名ニ自已ノ署名ヲ添フル第三者ハ其債務者ト連帶シテ義務ヲ負フ

第七百五十二條　前條ノ義務ヲ負擔スルニハ別ニ書面上ノ陳述ヲ以テスルコトヲ得

第七百五十三條　爲替保證ノ義務ハ明示ノ契約ヲ以テ之ヲ制限スルコトヲ得然レトモ其制限ハ契約ヲ爲シタル當事者間ニノミ効力アリ

第六款　支拂

第七百五十四條　爲替金額ハ爲替手形ニ記載シタル貨幣ヲ以テ之ヲ支拂フ可シ若シ特ニ貨幣ノ種類ヲ表示セサルトキハ支拂地ニ於テ商人間ニ流通スル貨幣ヲ以テ支拂ヲ爲ス意思ナリト推定ス

第七百五十五條　支拂ハ第七百七十八條ノ場合ヲ除ク外ハ支拂人カ引受ヲ爲シタルト否トヲ問ハス滿期日ニ支拂人ノ方ニテ之ヲ受クルモノトス

支拂恩惠期日ハ之ヲ許サス然レトモ其地慣習ノ支拂日ハ之ヲ遵守スルコトヲ要ス

（六五）（上告論旨）　上告人ハ爲替金請求事件ニ付東京控訴院カ明治二十六年六月二十四日言渡シタル判決ニ對シ全部破毀ヲ求ムル申立ヲ爲シタリ其上告第三點ハ私署證書ノ日付ニ付キ爭アルトキハ其擧證者カ其同時ニ成立セシコトヲ證明セサル以上ハ眞正ト認定スヘカラス況ンヤ第三者ニ對スル場合ニ於テハ直チニ

之ニ効力ヲ付スヘカラサルハ條理上疑ノ存セサル所ナリ又自已ニ金錢上ノ債權ヲ有スルアリテ未タ辨償ヲ受ケサル場合ニ當リ其債務者カ自已ニ對シ金錢上ノ債權ヲ有スル場合ニ立至リシトキハ條理上當然之ヲ相殺スルヲ得ヘキモノナリ（成文法國ノ所謂法律上ノ相殺是ナリ）然ルニ原院カ右二個ノ理由ニ付條理上適否如何ヲ審訊セスシテ直ニ法律ノ頒布ナキ今日ニ於テハ採用スルニ足ラストテ排斥セシハ明治八年百〇三號布告第三條ニ戻ル不法ノ裁判ナリ

（判決要領）　本件ノ上告ハ之ヲ棄却スト判決言渡シタリ其上告第三點ニ對スル理由ニ曰ク私署證書ノ成立ニ付キ爭ナク其日付ノミニ付キ第三者ヨリ爭ヒアルトキハ事實裁判所ハ其法廷ニ顯ハレタル事實ニ依リ其眞否ヲ判斷スルノ職權アルモノトセサルヲ得ス何トナレハ法律上私署證書ノ日付ヲ確定セシムルノ手續ヲ規定シ因テ以テ事實裁判所ノ判斷ヲ拘束スルモノナケレハナリ又所謂法律上相殺ナルモノハ法律ノ明定ヲ須タスシテ甲乙二人相互ニ債權者タリ又債務者タルノミナラス必要ノ條件具備スルトキハ當然生スルモノト假定スルモ本件甲第一號證ノ債權ヲ一ノ元素トシテ斯ノ如キ相殺カ生シタリトスルヲ得ス抑モ上告人ハ訴外者タル太田八十松ニ對シ債權ヲ有スルカ故ニ其債權ト甲第一號證ニ依リ上告人ノ負擔スル債務トノ法律上相殺ヲ生シタリト主張スルモノナレトモ甲第

一號證ニ付テハ原判決ニモ「云々送金手形ノ支拂ヲ引受ケ居ルヲ以テ特ニ所持人ニ對シ云々」トアレハ原院モ本件ノ送金手形ヲ所持人證券トシテ判斷ヲ下シタルコト明カナルノミナラス現ニ本件送金手形ニハ「云々此代リ金其地ニ於テ太田八十松殿又ハ此手形持參人ヘ引換ニ御拂渡可被成候也」トアリテ所持人證券ナルコト論ヲ俟タス而シテ所持人證券ニ付テハ縱令之ヲ讓渡シタル者ト支拂人トカ相互ニ債權者タリ債務者タリシコトアルモ最モ簡易ナル手續ニ依リ其債權ヲ讓渡シ得ヘキモノナルカ故ニ斯ノ如キ證券ノ支拂人カ前述法律上相殺ヲ以テ第三者タル所持人ニ對抗スルヲ得ルトスルカ如キハ一般ノ取引上最モ切要ナル信用ヲ害シ隨テ融通ヲ妨クルヤ必然ナリ然レハ法律ニ於テ明ラカニ之ヲ許ササル限ハ第三者タル所持人ニ對抗スルヲ得ルカ如キ相殺ハ生セサルモノトセサルヲ得ス是レ本上告末段ノ理由ヲモ採用スルヲ得サル所以ナリ（明治廿七年四月十二日大審院第一民事部判決上告人笠井銀行頭取横田茂兵衛被上告人細田喜平）「本件ハ參照ノ爲メニ掲ク」

第七百五十六條　滿期日カ一般ノ休日ニ當ルトキハ其後ノ業日ヲ以テ支拂日トス

第七百五十七條　一覽拂爲替手形ハ呈示ノ日ニ滿期ト爲ル若シ日

附後二个年内ニ呈示ヲ爲ササルトキ又ハ二个年内ノ呈示期間ヲ其手形ニ定メサルトキハ日附後二个年ヲ以テ滿期ト爲ル若シ正當ノ時期ニ呈示ヲ爲ササルトキハ所持人ハ振出人及ヒ裏書讓渡人ニ對スル償還請求權ヲ失フ

（六六）（上告論旨）　其上告論旨ハ第一點乃至第六點アリテ頗ル複雜ニ涉リ序次亦轉倒ノ嫌ヒアリトシ之ヲ概括シテ摘示セシ要領ハ

第一　本件即チ約束手形金請求ノ金額ハ當初約束手形ニ基因セシモノナリト雖モ後ニ甲號各種ノ付箋ヲ以テ其義務ヲ更改シ乃チ通常債務ニ變シタルモノナリ然ルニ原判決ニ於テ之ヲ約束手形金ノ請求ト爲シ手形條例ニ依テ判定シタルハ違法ナリ

第二　若シ假リニ義務更改ノ効ナクシテ手形條例ノ支配ヲ受ク可キモノトスルモ特ニ爲替手形ニノミ適用セラルヘキ同條例第三十九條ヲ適用シ約束手形ニ對シテモ亦同シク三ケ年ノ要求期間アルモノト判定シタルハ法律ヲ不當ニ適用シタル違法ノ裁判ナリト云フニ在リ

（判決要領）　本件ノ上告ハ之ヲ棄却セリ其理由ニ曰ク

第一　手形ハ法律上特別ノ效力ヲ附與スル一種ノ證券ニシテ形式ヲ主トスルモノナリ故ニ若シ手形ノ義務ヲ更改シテ普通債務ニ變更セントスルトキハ其手形ヲ廢棄スルカ又ハ少クモ別ニ其義務ヲ消滅セシメ而シテ更ニ通常義務ヲ約定シタル合意ノ明確ナルモノナカルヘカラス上告人ハ第三點第四點及ヒ第五點ニ於テ甲號各證ノ付箋ヲ以テ特別ノ合意ヲ爲シタルモノナリ義務ノ更改ヲ爲シタルモノナリト論スト雖モ所謂付箋ハ約束手形其モノニ貼付シタルモノニシテ畢竟期限ニ支拂ノ請求ヲ受ケタルモ支拂ヲ爲スコト能ハス他日之ヲ支拂フヘシトノ債務者一方ノ意志ノ表示ニ過キス故ニ法理上之ヲ以テ手形所持人カ其支拂ヲ爲サヽリシコトノ確證タルヘシト雖モ之ヲ以テ手形債務者カ其權利ヲ抛棄シ若クハ其義務ノ更改ヲ承諾シタルモノト見ルヲ得サルコトハ手形ノ性質及ヒ契約ノ法則ニ照シテ自カラ明カナル所ナリ然レハ原判決ニ於テ債務者ノ隨意ニ申出タル支拂ノ延期ハ法律上無效ノコトニシテ之ヲ以テ約束手形ノ債務ヲ變シテ通常債務ト爲シタルモノト爲スヲ得スト說明シ特別ノ合意ヲ以テ義務ヲ更改シタルモノナリトノ主張ヲ排斥シ手形條例ニ依テ判決シタルハ相當ニシテ法律ニ違背スル所ナキモノトス

第二　本件ハ既ニ手形條例ノ支配ヲ受クヘキモノト斷定スルモ之ニ同條例第三

十九條ヲ適用シタルハ不當ナリトノ論點ヲ審案スルニ條例第一章ニ於テハ專ハラ爲替手形ニ就テ詳細ノ規定ヲ揭ケ而シテ其第二章ニ於テ約束手形ノコトヲ規定スト雖モ其細目ニ至テハ總テ爲替手形ノ規定ヲ適用スヘキ旨ヲ規定スルニ過キス故ニ同條例第三十九條ハ上告人論スル所ノ如ク專ラ爲替手形ノ場合ヲ規定シタルモノナルコトハ疑ヒナシ然レトモ其第四十五條ニ於テ「爲替手形ニ付キ定メタル規則ハ第三節第六節其他約束手形ノ性質ニ反スル條目ヲ除ク外之ヲ約束手形ニ適用ス可シ」トアリテ苟シクモ其性質ニ反シテ適用シ得ヘカラサルモノニ非サル限リハ概シテ爲替手形ノ規定ヲ適用スヘキモノナルコトハ同條ノ明文ニ於テ明ラカナリ而シテ同條例第二十七條ニハ手形所持人ハ支拂期限ニ於テ其支拂ヲ請求スヘシ（下略）トアリテ此規定ノ約束手形ニ適用セラルヘキモノナルコトハ辨ヲ俟タス轉シテ第三十九條ヲ閲スルニ第九條ノ呈示期限第二十七條ノ支拂期限及ヒ第三十五條第三十六條ノ要求期限ヲ怠リタル者ハ云々又第九條第二十七條ノ期限ニ係ル者ハ振出ノ日附ヨリ起算シ（中略）三ケ年間償還ヲ要求スルコトヲ得」トアリ前段既ニ說明セル如ク本條ハ素ト爲替手形ヲ正面トシテ規定シタルモノナルカ故ニ特ニ約束手形振出人ノ名義ナク又爲替資金ノ如キハ約束手形ノ性質ニ於テ適用ナキモノトス

ルモ既ニ第二十七條ニ從ヒ期限ニ請求シテ手形ノ効用ヲ保チタル場合ニ在テハ其手形振出ノ日ヨリ起算シテ三ケ年間要求ノ權アリトノ規定ハ約束手形ニ對シテモ當然適用セラルヘキモノニシテ毫モ約束手形ノ性質ニ反スル所ナシ既ニ其性質ニ反スル所ナシトセハ第四十五條ノ規定ニ依リ第三十九條亦其細目ヲ除クノ外之ヲ約束手形ニ適用セラルヘキモノナルカ故ニ原院ニ於テ第三十九條ノ時効期間ヲ適用シ上告人ニ於テ右期間ヲ經過シタルカ爲メニ本件請求ノ權利ナキモノト判決シタルハ相當ニシテ法律ノ適用ヲ失マリタルモノニアラス右ノ判旨ニ據レハ原判決ニ於テ甲號證付箋ヲ以テ拒ミ證書ト看做シタル事其他恩惠期日云々（第三點）等ノ如キ説明又ハ用語ノ上ニ於テ稍々妥當ヲ欠ク者ナキニ非スト雖モ結局法律ノ適用ニ失當ナク從テ判決破毀ノ理由ナキモノト判定ス（明治二十七年九月二十五日大審院聯合民事部判決上告人伊藤富太被上告人日野靈瑞）「本件ハ參照ノ爲メニ揭ク」

第七百五十八條　債權者カ爲替金額ヲ滿期日ニ受取ラサルトキハ支拂人ハ債權者ノ費用及ヒ危險ニテ其金額ヲ供託所ニ寄託スルコトヲ得此場合ニ於テハ支拂人ハ甚シキ怠慢ニ付テノミ責任ヲ負フ

第七百五十九條　債權者ハ滿期日前ニ支拂ヲ受クル義務ナシ若シ滿期日前ニ支拂ヲ爲シタルトキハ債務者其危險ヲ負擔ス

第七百六十條　債務者ハ滿期ノ時又ハ後ニ所持人ニ支拂ヲ爲スヲ以テ其責ヲ免カル但其際債務者ニ甚シキ怠慢アリタルトキハ此限ニ在ラス

第七百六十一條　支拂ハ受取證ヲ記シタル爲替手形ノ交付ト引換ニ非サレハ之ヲ受クルコトヲ得ス

債權者ハ一分ノ支拂ヲ拒ムコトヲ得ス但一分ノ支拂ノ場合ニ在テハ爲替手形ニ其支拂ヲ記入シ且其支拂ニ付テノ別段ノ受取證ヲ債務者ニ交付ス可シ

第七百六十二條　爲替手形ヲ數通ニシテ振出シタルトキハ債務者ハ其中ノ孰レニ依リテ支拂ヲ爲スモ此ニ因リテ其責ヲ免カル然

レトモ裏書アル一通又ハ支拂人ノ引受ヲ記シタル一通ヲ所有者トシテ占有スル第三者ノ權利ヲ妨ケス
第七百十條及ヒ第七百十一條ノ規定ハ一爲替手形ノ數通ノ引渡及ヒ喪失ニモ之ヲ適用ス

第七百六十三條　引受人ハ一爲替手形ノ數通中ニテ其引受ヲ記セサルモノニ對シテハ擔保ヲ供セシメタル上ニ非サレハ支拂ヲ爲ス義務ナシ引受ヲ記シタル爲替手形數通アル場合ニ在テハ之ヲ合シテ引渡ササルトキモ亦同シ若シ擔保ノ提供ヲ爲スニ拘ハラス引受人カ支拂ヲ拒ムトキハ所持人ハ拒證書ヲ作ルコトヲ得

第七百六十四條　滿期ノ時又ハ後ニ於テ爲替手形上ノ正當ノ所持人ニ爲ス支拂ハ其所持人カ破産若クハ家資分散ノ宣告ヲ受ケタル場合又ハ第七百十條及ヒ第七百十一條ノ場合ニ限リ裁判所ノ

命令ヲ以テノミ之ヲ差押フルコトヲ得

第七百六十五條　支拂ニ對シ前條以外ノ方法ヲ以テスル故障又ハ償務者ノ知ラサル人ニ爲ス支拂ニ付テハ第四百條ノ規定ヲ適用スルコトヲ得

第七百六十六條　第七百十條及ヒ第七百十一條ノ場合ニ在テハ爲替手形ニ付キ自己ノ所有權ヲ疏明シ且裁判所ノ命令ヲ得タル者ハ判決ノ確定前ニ擔保ヲ供シテ爲替金額ノ支拂ヲ求メ又ハ擔保ヲ供セスシテ爲替金額ヲ供託所ニ寄託スルヲ求ムルコトヲ得此寄託ノ場合ニ在テモ第七百五十八條ノ規定ヲ適用ス

第七百六十七條　支拂人カ正當ノ理由ナクシテ滿期日ニ爲替金額ノ支拂又ハ寄託ヲ拒ムトキハ所持人ハ其次ノ業日ニ拒證書ヲ作リ且所持人カ償還請求ヲ爲サント欲スル者ニ拒證書ノ作成ヲ通

知スルコトヲ要ス然レトモ所持人ハ爲替手形ニ明記アルニ因リテ拒證書作成ノ義務ヲ免カルルコトヲ得

第七欵　榮譽支拂

第七百六十八條　拒マレタル爲替手形ハ振出人又ハ裏書讓渡人ノ榮譽ノ爲メ榮譽引受人、支拂人又ハ第三者之ヲ支拂フコトヲ得

第七百六十九條　豫備支拂人其他ノ參加人ノ引受ヲ記シタル爲替手形ハ拒證書作成ノ後直チニ榮譽引受人ニ支拂ノ爲メ之ヲ呈示ス可シ

第七百七十條　榮譽支拂若クハ其拒絶又ハ其提供ハ何レノ場合ニ於テモ之ヲ支拂拒證書又ハ其附箋ニ記載ス可シ

其拒證書ハ爲替手形ト共ニ拒證書費用ノ辨償ヲ受ケタル上之ヲ榮譽支拂人ニ交付ス

第七百七十一條　榮譽支拂人ハ引受人、振出人及ヒ裏書讓渡人ニ對シテ所持人ノ權利ヲ承繼ス但其權利ヲ主張スルニハ所持人ト同一ノ義務ヲ履行スルコトヲ要ス

第七百七十二條　榮譽支拂ハ受榮譽者ノ後者總員ヲシテ責ヲ免カレシム

第七百七十三條　榮譽支拂ヲ提供スル者二人以上アルトキハ支拂人ヲ以テ榮譽支拂人トシ之ニ次テハ最モ多數ノ義務者ヲシテ責ヲ免カレシムル者ヲ以テ榮譽支拂人トス

(六七)(質疑)　榮譽支拂ニ付キ支拂人ハ裏書讓渡人ノ爲メニ之ヲ爲サントｼ出テ其他ノ者ハ振出人ノ爲メニ之ヲ支拂ハントｼ出テタルトキハ第七百四十五條等ノ如キ規定アルニ拘ハラス裏書讓渡人ノ爲メニスル支拂人ヲ以テ榮譽支拂ヲ爲サシムヘキヤ

(決答)　榮譽支拂ヲ提供スル者二人以上アルトキトハ受榮譽者ノ同一人ナル場合

ヲ云ヒ總テノ場合ニ於テ支拂人ヲ榮譽支拂人ト爲ス儀ニアラス故ニ受榮譽者ノ別人ナルトキハ本條末段ノ趣旨ニ依リ最モ多數ノ義務者ノ義務ヲ免レシムル者ヲシテ榮譽支拂人ト爲サヽルヘカラス本質疑ノ場合ニ在テハ支拂人ヲ榮譽支拂人ト爲サスシテ振出人ノ爲メニスル者ヲ以テ榮譽支拂人ト爲スヘキナリ

第七百七十四條　所持人ハ榮譽支拂ヲ受クルコトヲ拒ムニ因リテ受榮譽者及ヒ其後者ニ對スル償還請求權ヲ失フ

第八款　償還請求

第七百七十五條　支拂人カ滿期日ニ爲替手形ノ支拂ヲ爲サヽルトキハ所持人ハ振出人及ヒ裏書讓渡人ニ對シ爲替金額及ヒ其利息竝ニ不拂ニ因リテ生シタル一切ノ費用ニ付キ償還請求權ヲ有ス

第七百七十六條　所持人ハ爲替手形ヲ滿期日ニ支拂ノ爲メ呈示ス可シ若シ支拂ヲ爲サヽルトキハ滿期日ノ次ノ業日ニ支拂拒證書ヲ作ル可シ但第七百六十一條第二項ニ揭ケタル一分ノ支拂ノ場

合ニ於テモ亦同シ

（六八）（質疑）　商法第七百七十六條其他拒證書作成ノ場合ハ手形支拂滿期日ノ次ノ業日トアリ然ルニ手形所持人カ滿期日ニ支拂ヲ請求シタルトキ支拂人ニ於テ之ヲ支拂ハサルトキハ次ノ業日ヲ待タス直チニ拒證書ヲ作成スルモ差支ナキヤ

（決答）　手形支拂ノ滿期日ハ未タ支拂ヲ爲スヘキ期間内ナルヲ以テ滿期日ノ次ノ業日ナラサレハ拒證書ヲ作成スヘキモノニアラス

（六九）（質疑）　本條ニ次ノ業日トハ滿期日ノ翌日ヲ指示シタルモノナリヤ將タ滿期日ヨリ數日ヲ經ルモ所謂次ノ業日ト稱スルモ差支ナキヤ若シ前段ノ如ク稱スルモノトセハ其次ノ業日ヲ經過スレハ公證人ハ拒證書作成ヲ拒絶スルモ差支ナキヤ

（決答）　本條ノ次ノ業日トハ滿期日ノ翌業日ヲ指シタルモノニシテ之ヲ經過シタルトキハ證書作成ヲ拒絶スルコトヲ得

（七〇）（質疑）　所持人カ滿期日ニ爲替手形支拂ノ呈示ヲ爲サス又ハ滿期日ノ次ノ業日ニ支拂拒證書ヲ作ルヲ怠リタルトキハ如何ナル結果アリヤ

（決答）　本質疑ノ場合ニ於テハ所持人ハ第七百七十五條ニ依リ有スル償還請求權ヲ其各償還義務者ニ對シ行フコトヲ得サルニ至ルナリ然レトモ第七百十四條ニ

依リ其請求權ヲ失ヒタルニ拘ハラス支拂人振出人又ハ裏書讓渡人ニ對シ此等ノ者カ支拂ハサル爲替資金若クハ取戾シタル爲替資金ニ因リテ已レヲ利シタル限度ニ於テ右ノ請求權ヲ主張スルハ格別ナリ

（七一）（上告論旨）　上告論旨ノ要ハ償還請求ヲ爲サントスル手形所持人ハ法定ノ期間內ニ裏書人ノ住所ニ就キ其請求ヲ爲シ若シ裏書人不在ニシテ之ヲ拒ミタルトキハ同居ノ親屬又ハ手代ヲシテ其事實ヲ證明セシムルヲ以テ足ルモノナルニ原院カ正當代理人ノ爲シタル證明ニ非サレハ本人ニ對シ其効ナシト判シタルハ不法ナリト云フニ在リ

（判決要領）　案スルニ償還ノ請求ハ支拂ノ請求ト其場合異ナルヲ以テ拒證書ノ作成ヲ要スル規定モナク隨テ嚴格ナル手續ニ依ラサルモ現ニ本人又ハ本人ノ住所ニ就キ要求ヲ爲シタルコトヲ認ム可キ確證アレハ足レリトス然ルニ原院カ小野惣二郞カ爲シタル付箋アリト雖モ小野金六ノ代理人ニ非サルノミヲ以テ金六ニ對シ要求ヲ爲シタリトノ證トナラストサ判シタルハ不法タルヲ免カレサルモノトス（明治廿六年四月廿一日大審院判決（上告人田村英三被上告人小野金六））「本件ハ參照ノ爲メニ揭ク」

第七百七十七條　支拂拒證書ハ既ニ引受拒證書ヲ作リタルトキニ

モ債務者カ死亡シ又ハ破產若クハ家資分散ノ宣告ヲ受ケ又ハ其所在ノ知レサルトキニモ之ヲ作ル可シ

(七二)(質疑) 手形ノ引受ヲ拒ムハ即チ其手形ノ支拂ヲ爲ス義務ナキモノカ又ハ之ヲ承諾セサルモノナルヘシ故ニ其拒絕ニ因リ既ニ引受拒證書ヲ作リタルトキハ又更ニ支拂拒證書ヲ作ルノ用ナキモノノ如シト雖モ本條ノ明文アル以上ハ必ス之ヲ作ラサルヘカラサル乎果シテ然ラハ其法意ハ如何ナルモノナリヤ

(決答) 二重ノ手數ナルカ如シト雖モ本條ニ於テ既ニ引受拒證書ヲ作リタルトキニモ云々トアルニ因リ支拂拒證書ハ更ニ之ヲ作ラサルヘカラス之レ他ナシ引受拒絕ノ事情ハ絕体的ニ其手形ニ對シ支拂ヲ爲ササル者ノミナリト爲スコトヲ得ス或ハ當時未タ爲替資金ノ送達ナキニ因リ又ハ貸借計算ノ相立サルニ因リ一時之ヲ拒ムコトアリ此等ノ場合ニ在テハ其後資金ノ送達ヲ受ケ又ハ貸借計算上支拂ノ義務明カニナリ滿期日ニ在テハ敢テ支拂ヲ拒ムノ事由ナキニ至リ支拂ヲ爲ス者往々アルヘシ之レ本條ニ於テ更ニ其作成ヲ命シタル所以ナリ

第七百七十八條 引受人ニ對シテ爲替權利ヲ保全スルニハ滿期日ニ於ケル呈示及ヒ拒證書ノ作成ヲ要セス然レトモ他所拂爲替手

形ハ他所拂人若シ他所拂人ノ記載ナキトキハ支拂人ニ其爲替手形ヲ支拂フ可キ地ニ於テ支拂ノ爲メ之ヲ呈示ス可シ若シ支拂ヲ爲サヽルトキハ同地ニ於テ拒證書ヲ作ル可シ

（七三）（質疑）　手形ノ引受人東京ナル甲商店他所拂即チ大坂ニ於テ支拂ヲ爲スヘキ場合ニ於テ別人ヲ記載セス大坂ナル支拂人即チ甲商店ノ營業所ニ於テ支拂フヘキ旨ヲ以テセリ其手形ノ所持人大坂ノ支拂人營業所ヲ搜索シタルモ遂ニ不分明ニテ滿期日ヲ經過シタリ然レトモ支拂人ノ別人ナラス同一人ナルノミナラス既ニ引受セラレタルニ依リ別段拒證書ヲ作ラサリシ而シテ後日支拂人即チ引受人ニ支拂ヲ請求シタルモ支拂人ハ之ニ應セス其請求ノ當否如何

（決答）　滿期日ニ呈示及ヒ拒證書作成ノ手續ヲ爲サヽルトキハ償還請求權ヲ失フヲ常トス只引受人本問ノ即チ支拂人一人ニ止マリ他所拂手形ナラサルトキハ第七百七十八條上段ノ明文ニ依リ別段呈示又ハ拒證書作成ノ手續ヲ要セサルモ他所拂手形ナルトキハ大坂ナル支拂人ハ縱令別人ナラス又引受ノアリタルモノト雖モ他所拂人ノ引受アラサレハ其引受人ナル甲商店ト大坂ナル甲商店營業所トハ恰モ振出人ト支拂人トノ關係ヲ有スルモノナルヲ以テ此場合ニハ縱令支拂人

ハ同一人ナルモ法律上之ヲ別人ト見做スニ依リ呈示又ハ拒證書作成ノ手續ヲ爲サヽレハ東京ナル甲商店ニ對シ償還請求ノ權ナキモノナリ

第七百七十九條　引受人カ破產若クハ家資分散ノ宣告ヲ受ケ其他資力ノ確ナラサルニ至リタル場合ニ於テ爲替支拂ノ爲メ十分ナル擔保ヲ供セサルトキハ所持人ハ滿期日前ニ支拂拒證書ヲ作リテ償還請求ヲ爲スコトヲ得

第七百八十條　所持人ハ振出人及ヒ裏書讓渡人ノ各員又ハ總員ニ對シ償還請求ヲ爲スコトヲ得又償還請求ヲ受ケタル裏書讓渡人ハ其前者ニ對シテ同一ノ權利ヲ有ス

第七百八十一條　償還請求ヲ爲ス者ハ第七百三十九條ノ規定ニ依リテ引受拒證書作成ノ通知ヲ爲シタルニ拘ハラス尙ホ其償還請求ヲ爲サント欲スル前者ニ書面ヲ以テ其請求及ヒ支拂拒證書作

成ノ通知ヲ爲スコトヲ要ス其通知ハ所持人ニ在テハ拒證書ヲ作リタル日ノ翌日、裏書讓渡人ニ在テハ通知書ヲ受取リタル日ノ翌日之ヲ爲ス可シ但裏書讓渡人ノ通知ハ其後者ノ爲メニモ効力アリ

（七四）（質疑）　支拂ノ拒絶ニ依リ其償還義務者ニ對シ拒證書作成ノ通知ハ商法第七百八十一條ニ於テ其翌日之ヲ爲スヘキモノト規定セリ然ルニ右ハ其翌日中ニ償還義務者ニ通知書ヲ送リ届クルヲ要スル儀ナリヤ又ハ償還義務者ヘノ通知ハ其翌日以後ニナルモ手形所持人ノ手許ヲ其翌日中ニ發スレハ差支ナキ儀ナルヤ若シ之ヲ其翌日中ニ必ス通知書ヲ届ケサルヘカラストセハ所持人ト償還義務者ト隔絶セル場合其他天災又ハ意外ノ變ニ因リ到底其翌日中ニ送リ届クルヲ得サルトキハ他ニ所持人ノ權利ヲ保全スル途アリヤ

（決答）　商法第七百八十一條ノ其翌日トハ同一地域內ノ如キ一日內ニ通知シ得ヘキ場所ニ在テハ必ス其翌日中ニ償還義務者ヘ通知書ヲ送達スルヲ要スル義ナレトモ土地遠隔到底一日中ニ通知書ヲ送達シ得サルトキハ其翌日中ニ所持人ノ手ヲ發スルヲ以テ足ルモノト斷セサルヘカラス又其天災又ハ意外ノ變ニ因リ通知

書ノ送達又ハ其ノ發送ヲ延滯シタルトキハ其延滯ハ所謂不可抗力ニ因ルモノニシテ所持人ニ何等ノ缺爲ナシ故ニ此他ニ所持人ノ行爲ニ缺點過失アルニアラサレハ償還義務者ニ對スル請求權ハ之ヲ失ハサルモノト決セサルヘカラス

（七五）（質疑）　支拂人ニ於テ引渡ヲ拒ミタルニ因リ引受拒證書ヲ作リ償還義務者ニ對シ其通知ヲ爲シタルトキハ別段支拂拒證書作成ノ通知ヲ要セサルモノナルヘキニ特ニ本條ニ於テ其通知ヲ要スト爲シタルハ如何又其通知ハ口頭ニテ差支ナキヤ

（決答）　第七百七十八條ノ決答ニ於テ說明セシ如ク支拂ノ引受ヲ拒ミタレハトテ又必スシモ其支拂ヲ拒ムヘキモノト定ラス故ニ支拂ニ付テモ更ニ拒證書ヲ作成シ償還義務者ニ對シテハ更ニ其通知ヲ必要トスルナリ而シテ其通知ハ權利ノ消長ニ關スルモノナルヲ以テ口頭等ヲ以テ爲スヘキモノニアラス必ス書面ヲ以テ爲スヘキモノトス

第七百八十二條　前者ニ對シテ償還請求ヲ爲シタルモ此カ爲メニ其後者ハ償還義務ヲ免カレス

第七百八十三條　拒證書作成ノ義務免除ニ因リテ拒證書作成ノ權

利及ヒ償還請求權ハ消滅セス然レトモ此場合ニ於テ其免除ヲ爲シタル者ノ後者ニ在テハ其免除ヲ爲シタル者ニ對シ謄本ヲ以テ爲替手形ノ送付ヲ爲スト同時ニ書面ニテ償還請求ノ通知ヲ爲スヲ以テ足レリトス

第七百八十四條　（削除）

第七百八十五條　償還請求權ハ支拂人カ爲替資金ヲ受取リタリトノ抗辯ノ爲メニ効力ヲ失フコト無シ然レトモ爲替資金ヲ供スル義務アル者ニ對シテハ其者カ爲替資金ヲ供セサリシトノ抗辯ヲ爲スコトヲ得

第七百八十六條　償還請求ハ左ノ額ニ付キ之ヲ爲スコトヲ得

第一　爲替金額及ヒ滿期ノ翌日ヨリ起算シタル百分ノ十ノ利息

第二　拒證書ノ費用其他必要ナル立替金

第三　戻爲替ヲ振出シタルトキハ其費用

第七百八十七條　（削除）

第七百八十八條　償還義務者ハ爲替手形、拒證書及ヒ受取證ヲ記シタル償還計算書ノ交付ヲ受クルニ非サレハ支拂ヲ爲ス義務ナシ

第七百八十九條　爲替義務者ハ償還金額ノ支拂ト引換ニテ受取證ヲ記シタル爲替手形及ヒ支拂拒證書ノ交付ヲ所持人ニ求ムル權利アリ

第九欵　拒證書作成

（七六八）（質疑）　前條ニハ償還義務者ト謂ヒ本條ニハ爲替義務者ト謂フ其償還義務者ト爲替義務者トノ間ニハ如何ナル差異アリヤ且如何ナル者カ爲替義務者ナリヤ

（決答）　償還義務者ハ爲替義務者ノ一ナリト雖モ爲替義務者ハ必スシモ償還義務者ナリト謂フコトヲ得ス故ニ爲替義務者中振出人及ヒ裏書讓渡人ハ償還義務者ナリト雖モ引受人ノ如キハ之ヲ償還義務者ト云フコトヲ得サルナリ

第七百九十條　拒證書ハ裁判所ノ役員又ハ公證人之ヲ作ルモノトス若シ其地ニ此等ノ人ナキトキハ被拒者ニ於テ證人二人ノ立會ヲ以テ之ヲ作ル可シ但其證人ハ成年ノ男子タルコトヲ要ス

（七七）（質疑）　本條ニ拒證書ハ裁判所役員又ハ公證人之ヲ作ルモノトス若シ其地ニ此等ノ人ナキトキハ云々トアリ故ニ公證人及ヒ執達吏ナキ地ニ於テハ被拒者ニ於テ證人二人ノ立會ヲ以テ之ヲ作ルコトヲ得ルト雖モ公證人カ公證人及ヒ執達吏ノ設ケナキ受持區外人ノ囑託アルトキハ特ニ拒證書ニ限リ受持區外ニ出張シテ之ヲ作ルコトヲ得ヘキヤ

（決答）　拒證書ノ作成ハ公證人規則ニ依ラス商法ノ規定ニ依ルヘキハ當然ナレトモ受持區域ノ制限ハ拒證書ノ條件ニ關係ナキ事項ナルヲ以テ公證人規則ニ依リ區外ニ出張シテ之ヲ作ルコトヲ得サルモノト決セサルヘカラス又斯ク決スルモ公證人及ヒ執達吏ナキ地ニ於テハ裁判所書記ニ於テ拒證書ヲ作成スルヲ得ルヲ

以テ實際上差支ナキナリ

（七八）（質疑）　拒證書ハ商法第七百九十條ニ於テ裁判所ノ役員又ハ公證人之ヲ作ルモノト制定セラレタルモ未タ其作成ニ付テハ別ニ一定ノ方式ヲ定メラレタルモノナシ依テハ公證人モ亦裁判所役員ニ於ケルカ如ク拒證書作成ニ付テハ公證人規則中左ニ掲クル條項ヲモ遵守スルニ及ハサル義哉

一公證人規則第七條第十三條第十四條第八號第十六條第十七條第二十八條ノ類

（決答）　拒證書ノ作成ノ條件ニ付テハ商法ノ規定ニ依ルヘキモノニシテ公證人職務ノ一般取扱方ニ付テハ公證人規則ニ依ルヲ相當ナリトス仍テ本質疑ニ云フ同規則第二十八條ノ如キハ之レニ依ルヲ要セサレトモ第七條及第十三條第十四條第十七條ハ之ヲ準用シ第十六條ハ商法第七百九十八條ニ被拒者ノ求メニ因リ數通ニ之ヲ作ル義務アリトアルヲ以テ見ルモ同シク之ヲ準用スヘキモノナリ

（七九）（質疑）　公證人ニ於テ拒證書ヲ作ルニハ公證人規則第二十八條ニ依リ立會人ヲ要スルヤ且臨席者ノ内公證人ニ於テ氏名ヲ知ラス面識ナキトキハ同條第二項ノ規定ニ因リ證明書若クハ證明人ヲ要スルモノナリヤ

（決答）　拒證書ノ作成ニ付テハ立會人證明書又ハ證明人ヲ要スヘキモノニアラス

（八〇）（質疑）　拒證書ハ親屬ノ爲メニ之ヲ作ルコトヲ得ヘキヤ

（決答）　拒證書ヲ作成スルノ手續ハ商法ノ規定ニ依ルヘキモノナレトモ公證人規則第三十六條ノ規定ハ拒證書作成ノ條件外ニ屬スルヲ以テ同規則ニ依ルヲ相當ナリトス故ニ親屬ノ爲メニハ拒證書ヲ作ルコトヲ得ス

（八一）（質疑）　公證人ハ何等親マテハ其者ノ爲メ公正證書ヲ作成スルコトヲ得サルヤ

（決答）　公證人規則中親屬トハ刑法總則ニ規定シタル親屬ハ勿論其他慣例ニ依リ親屬ト稱スルモノハ包含スヘキモノトス

第七百九十一條　拒證書ハ拒者ノ營業場若シ營業場ナキトキハ其住居ノ内若クハ傍ニ於テ之ヲ作ル可シ但拒者不在ナルトキ又ハ臨席ヲ肯セス若クハ來入ヲ拒ムトキト雖モ亦同シ

若シ已ムヲ得サル場合アルトキハ裁判所又ハ公證人役場ニ於テ拒證書ヲ作ルコトヲ得

（八二）（質疑）　公證人規則第四條第二項ニ已ムヲ得サル事件ニ付テハ受持區内ニ限リ役場外ニ於テ其職務ヲ行フトアリテ通常役場外ニ於テハ職務ヲ行フ可カラ

サルコト明カナリ今商法第七百九十一條ヲ按スルニ拒證書作成ハ常ニ拒者ノ營業場若シ營業場ナキトキハ其住居ノ内若クハ傍ラニ於テ之ヲ作ルヘシトアリ此場合ハ即チ公證人規則第四條第二項ノ已ムヲ得サル場合トシテ役場外ニ於テ執務シ差支ナキヤ

(決答)　已ムヲ得サル場合トシ役場外ニテ執務シ差支ナシ

(八三)(質疑)　支拂人ニ於テ其支拂ヲ拒ミ且營業所ニハ惡病者アリ其來入ヲモ拒ミタルトキハ商法第七百九十一條第二項ニ依リ已ムヲ得サル場合トシ差支ナキヤ若シ差支ナキモノトセハ拒證書ノ作成ハ同條ノ第二項ニハ裁判所又ハ公證人役場トアレトモ執達吏役場ニ於テ之ヲ作ルモ差支ナキヤ

(決答)　商法第七百九十一條第一項ニ來入ヲ拒ムトキト雖モ亦同シトシ其來入ヲ拒ム原因ノ如何ヲ問ハサルヲ以テ縱令惡病者アル場合ト雖モ此場合ニハ其住居ノ傍ニ於テ作ルヘキモノトス同條第二項ノ已ムヲ得サル場合トハ執達吏公證人等ノ病氣又ハ事務上到底繰合ノ付カサル等ヲ謂ヒ本問ノ如キ第一項ニ入ル場合ヲ包含セス又執達吏ハ自已ノ役場ヲ有スルモノナレハ執達吏ニ於テ已ムヲ得サル場合ニ於テ拒證書ヲ作ルトキハ態々裁判所ニ至ルヲ要セス自已ノ役場ニテ之ヲ作ルモノトス

第七百九十二條　拒者ノ營業場及ヒ住居ノ知レサル場合ニ於テ支拂地ノ官署ニ問合ヲ爲スモ尙ホ知ルコトヲ得サルトキハ拒證書ハ其官署內ニ於テ之ヲ作ルコトヲ要ス

（八四）（質疑）　同一ノ拒證書ヲ日時ヲ異ニシテ數通ニ作成スル爲メ被拒者公證人役場ニ出頭シタルトキハ商法第七百九十一條第七百九十三條ノ規定ニ因ラスシテ直チニ役場ニ於テ作成シ且ツ何年何月何日某所ニ於テ作リタル拒證書ト同文ナルコトヲ證書中ニ記載シ公證人ニ於テ被拒者ト共ニ署名捺印スヘキヤ

（決答）　商法第七百九十一條及第七百九十三條ノ場合ノ外旣ニ適法ニ作リタル拒證書ノ謄本ハ公證人役場ニ於テ作成スルコトヲ得

第七百九十三條　法律上定メタル場所ノ外ニ於テモ拒者ノ承諾アルトキハ拒證書ヲ作ルコトヲ得

第七百九十四條　一般ノ休日ニハ拒證書ヲ作ルコトヲ得ス然レトモ通常ノ取引時間外ニ於テ之ヲ作ルハ妨ナシ

第七百九十五條　拒證書ニハ左ノ諸件ヲ記載スルコトヲ要ス

第一　爲替手形ノ全文但最後ノ裏書ニ至ルマテ遺漏ナク記載ス可シ
第二　拒者ノ臨席又ハ不在
第三　引受、支拂又ハ擔保ノ要求及ヒ拒絕竝ニ拒絕ノ理由
第四　右要求及ヒ拒絕ノ日竝ニ場所
第五　榮譽引受又ハ榮譽支拂アルトキハ其旨
第六　年月日、場所及ヒ臨席總員ノ署名、捺印
第七　第七百九十三條ノ場合ニ於テハ拒者ノ承諾
若シ拒者カ署名、捺印スルコトヲ欲セス又ハ署名、捺印スルコト能ハサルトキハ其旨ヲ證書ニ明記ス可シ
（八五）（質疑）　公證人カ拒證書ヲ作ル場合ニ於テ其作成ノ條件ニ付テハ商法ノ規定ニ依ルヘキモノナレトモ公證人ノ一般執務上ニ關シテハ公證人規則ニ依ルヲ

要ス而シテ該規則ニハ原本ニハ證券印稅規則ニ定メタル印紙ヲ貼用スヘシトアリ然ルニ拒者ハ往々署名捺印スルヲ欲セス又ハ住所不明死亡等ノトキハ印紙ニ消印スルナキニ至ル然ルトキハ臨席人又ハ公證人ニテ消印シ差支ナキヤ

（決答）　拒證書ヲ作ルニ當リ若シ拒者カ署名捺印スルコトヲ欲セス又ハ署名捺印スルコト能ハサル場合ニハ商法第七百九十五條第二項ニ依リ右ノ旨ヲ證書ニ明記スルヲ以テ足レリトスル以上ハ證書ニ貼用セル印紙ヲ消印スルニ付テモ亦現ニ證書ニ署名捺印スル公證人及ヒ臨席者ノ消印ヲ以テ充分ナリトセサルヲ得ス要スルニ此場合ニ於テハ其旨ヲ證書ニ明記シ現ニ證書ニ署名捺印スル公證人及ヒ臨席者ノ印ヲ以テ消印スヘキモノトス

第七百九十六條　第七百九十一條乃至第七百九十四條ノ規定ハ引受又ハ支拂ノ爲メニスル呈示、爲替手形數通ノ要求其他本章ノ規定ニ從ヒ或人ノ方ニテ爲ス可キ行爲ニモ之ヲ適用ス

（八六）（質疑）　本條ニ或人ノ方ニテ爲スヘキ行爲トアル其或人トハ何人ヲ指シ其行爲トハ如何ナルモノナリヤ

（決答）　或人トハ手形ノ引受人ノ如キモノヲ謂ヒ又其行爲トハ此等ノ者カ自己ノ

危險ヲ豫防スル爲メ手形所持人ニ對シ擔保ヲ供セシムルノ類ヲ云フナリ

第七百九十七條　第七百十條及ヒ第七百十一條ノ場合ニ於テハ其情況ヲ拒證書ニ明示シ且成ルヘク詳細ニ爲替手形ノ旨趣ヲ記シテ爲替手形ノ全文ニ代フ

第七百九十八條　裁判所ノ役員又ハ公證人ハ其作リタル拒證書ノ全文ヲ日日帳簿ニ記入シ且被拒者ノ求ニ因リテ數通ニ之ヲ作ル義務アリ

拒證書作成ノ費用ハ被拒者之ヲ立替フルコトヲ要ス

（八七）（質疑）　公證人ニ於テ拒證書ヲ作リタルトキハ第七百九十八條ニ依リ拒證書ノ全文ヲ帳簿ニ記入スルノ外役場ニ保存スヘキ原本ノ作成ヲ要セサルモノナリヤ

（決答）　原本ハ別ニ作成スルヲ要セサルモノトス

（八八）（質疑）　公證人規則第十四條ニ依ルトキハ原本ハ公證人ノ保存スルモノニ

シテ之ニ依リ或ハ正本正式謄本或ハ謄本ヲ附與スヘキモノナリ而シテ商法第七百九十八條ニ依レハ云々被拒者ノ求メニ因リテ數通ニ之ヲ作ル義務アリト然ルトキハ該規則ニ依リ原本ヲ作リ之ニ依テ謄本（正本ハ性質上附與スルヲ得ス正式謄本ハ該規則第四十五條第二條ニ依リ義務者ノ署名捺印ヲ要スルモ之アレハ原本ト同一且拒者ハ往々署名捺印セス又住所不明死亡等ニテ實際署名捺印シ得サルモノナリ）數通ヲ作ルヘキヤ又ハ原本ト同一ノモノ數通ヲ作リ一通公證人保存シ他ハ被拒者ニ附與スヘキモノナリヤ

右ニ依リ左ノ結果ヲ生ス

(甲)原本ヲ作リ之ニ依テ謄本ヲ作ルトセハ原本ハ原本ノ手數料ヲ受ケ謄本ハ謄本ノ手數料ヲ受クルモ若シ原本ト同一ノモノ數通ヲ作ルトスレハ悉皆原本ト同一ノ手數料ヲ受クヘキカ如シ

(乙)原本ヲ作リ之ニ依テ謄本ヲ作ルトセハ拒證書ニ原本又ハ謄本ノ語ヲ附セサルヲ得ス若シ原本ト同一ノモノ數通ヲ作ルトスレハ單ニ拒證書トスルノミニシテ別ニ原本又ハ謄本ノ語ヲ用ヰサルカ如シ

(丙)原本ヲ作リ之ニ依テ謄本ヲ作ルトセハ原本ノミニ印紙ヲ貼用（印紙ヲ貼用スルモノト假定ス）スレハ足ルモ若シ原本ト同一ノモノ數通ヲ作ルトスレハ各通ニ印紙ヲ貼用セサルヲ得ス

(決答) 商法第七百九十八條第一項前段ニ裁判所ノ役員又ハ公證人ハ其作リタル

拒證書ノ全文云々トアルハ同法第七百九十一條等ノ規定ニ基キ通例拒者ノ營業場等ニ於テ作リタル拒證書其物ヲ指シタルモノニシテ其性質ノ本書ナルコトハ固ヨリ言ヲ俟タサル所ナリ隨テ同法第七百九十八條第一項末段ニ被拒者ノ求メニ因リテ數通ニ之ヲ作ル云々トアル「之ヲ」ノ文字ハ即チ同條第一項前段ノ拒證書ヲ指シタルモノナレハ裁判所ノ役員又ハ公證人ハ拒證書ノ正本數通ヲ作ルノ義務アリト云フノ旨趣ナリト解釋セサルヘカラス（公證人カ其役場ニ保存スル爲メ拒證書ノ原本ヲ作リ置クヲ要セサルハ前號決答ニ示ス通ナリ）然レトモ拒證書ノ本書ハ公證人ニ於テ保存スヘキモノニ非サレハ之ヲ原本ト爲スヲ得ス其性質ハ寧ロ正本ニ近キヲ以テ手數料ニ付テハ正本ニ準シテ之ヲ徵收スルノ外ナカルヘシ拒證書ノ本書ニシテ原本ニ非サル以上ハ原本ノ如ク印紙ヲ貼用スルヲ要セサルハ勿論ニシテ又拒證書ハ公證人規則ニ謂フ所ノ正本ニ非サレハ單ニ拒證書ト記スコト適當ナルヘシ

之ヲ要スルニ公證人拒證書ヲ作ルトキハ其全文ヲ順次帳簿ヘ記入スヘキモノニシテ別ニ原本ヲ作リ之ヲ保存スルコトヲ要セス被拒者ノ求ニ因リ拒證書數通ヲ作ル場合ニハ正本ニ準シ各通ニ付キ正本ノ手數料ヲ受ケ單ニ拒證書トノミ記ス可シ但何レノ拒證書ニモ印紙ヲ貼用スルニ及ハス

（八九）（質疑）　第七百九十八條ノ拒證書記入帳ハ便利ノ爲メ現場ニ於テ其拒證書

ヲ謄寫シ之ヲ集綴シテ帳簿ト爲スモ差支ナキヤ
（決答） 拒證書ヲ記入スルハ豫メ帳簿ヲ備ヘ日々記入スヘキモノトス
（九〇）（質疑） 拒證書ヲ作成スルニハ公正證書作成ニ必要ナル條件ヲ具備セスト雖モ之ヲ作ルコトヲ得ヘキハ商法第七百九十條以下ニ於テ明白ナレトモ之ヲ作リタルトキハ公證人規則第十四條第八及ヒ第五十六條ニ從ヒ號外トシテ見出帳ニ記入スヘキモノナリヤ
（決答） 右ハ商法ノ規定ニ依ルヘキモノナレトモ見出帳ニハ記入スヘキモノトス
（九一）（質疑） 本條ニ依リ拒證書ノ全文ヲ日々記入スヘキ帳簿ハ公正證書ノ用紙ヲ用ヰテ調製シ其綴目合目ニ地方裁判所長ノ官印ヲ以テ割印ヲ求ムヘキヤ
（決答） 公證人ニ於テ日々記入スル帳簿ニ付テハ法律ノ規定ナキヲ以テ適宜ニ作ルヘキモノニシテ其綴目合目ニハ地方裁判所長ノ割印ヲ求ムルヲ要セス
（九二）（質疑） 正本及ヒ正式謄本ハ權利者ノ署名捺印ヲ要セス公證人並ニ義務者署名捺印スヘキハ公證人規則第四十五條第二項ニ依リ明白ナレトモ同規則第三十五條ニ囑託人（權義兩者ヲ指スモノナラン）トアルニ依リ權利者ニハ單ニ證書ノ綴目合目ノミニ捺印セシムヘキモノナルヤ將タ證書ニ署名捺印セサルモノナレハ綴目合目ニ捺印セシムルヲ要セサルヤ

（決答）正本及ヒ正式謄本ニ付テハ既ニ權利者ノ署名捺印ヲ要セサルヲ以テ其綴目合目ニモ捺印セシムルヲ要セサルナリ

（九三）（質疑）拒證書ニ記スヘキ番號ハ普通公正證書ノ番號ノ順ヲ追ヒ記スヘキモノナリヤ將タ拒證書ノ番號ヲ記スヘキヤ

（決答）拒證書ニハ番號ヲ附スルヲ要セス

（九四）（質疑）公證人拒證書ヲ作リ其全文ヲ帳簿ニ記入シタリ然ルニ日後被拒者拒證書ヲ盜難紛失等ノ場合ニ於テ再ヒ請求シタルトキハ拒證書全文記入簿ニ依リ其謄本ノ複寫本ヲ下付スルコトヲ得ヘキヤ若シ下付スルコトヲ得ストスルトキハ其請求ヲ拒絕スヘキ乎將タ拒絕スルコトヲ得サルモノトスレハ如何ノ手續ニ依リ下付スルコトヲ得ヘキモノナリヤ

（決答）商法第七百九十八條ニ依リ拒證書ハ其全文ヲ日々帳簿ニ記入シ保存セシムルハ元來後日證書紛失等ノ場合ニ於テ再ヒ其謄本ヲ得ヘキ用ニ供スルモノナレハ此場合ニ於テハ其複寫本ヲ下付スルコトヲ得ヘキモノトス

（九五）（質疑）拒證書作成ノ手數料ハ公證人規則第六十五條ニ準據シ之ヲ受クヘキモノナリヤ

（決答）執達吏拒證書ヲ作ル場合ニハ十錢又ハ二十錢ノ手數料ヲ受クヘキ規定ア

リト雖モ公證人之ヲ作ル場合ニハ特別ノ規定ナキヲ以テ公證人規則第六十五條ニ準據シ手數料ヲ受クヘキモノトス

第十款　戻爲替手形

第七百九十九條　所持人ハ償還金額ニ付キ各償還義務者ニ對シテ戻爲替手形ヲ振出スコトヲ得

第八百條　戻爲替手形ノ費用ノ額ハ仲買人手數料、仲立人手數料、郵便税、印紙税及ヒ支拂地ヨリ償還義務者ノ住地ニ宛テ振出シタル一覽拂爲替手形ノ相場ニ因リテ定マル

右ノ相場ハ戻爲替手形ヲ遞次振出ス場合ト雖モ本爲替手形ノ支拂地ヨリ振出地ニ宛テタル一覽拂爲替手形ノ相場ヲ超ユルコトヲ得ス

(九六)(質疑)　本條第一項ニ戻爲替手形ノ費用額ハ云々一覽拂爲替手形ノ相場ニ

手形及小切手、爲替手形

因リテ定マルトアリ其相場トハ爲替手形ノ全價額相場ヲ云フモノナリヤ果シテ然リトセハ又其相場ハ戻爲替手形振出地（即チ支拂地）ノ相場ニ依ルヘキカ又ハ償還義務者住地ノ相場ニ依ルヘキヤ抑モ亦他ニ依ルヘキ標準アリヤ

（决答）　本條ニ謂フ所ノ相場トハ全價格ヲ云フモノニアラス故ニ又其爲替振出地ノ價格ニモアラサレハ償還義務者住地ノ相場ヲ云フモノニモアラス全ク其手形ニ對シ支拂地ノ相場ト償還義務者住地ノ相場ノ差額即チ其步合ヲ云フ例ヘハ英國ヲ以テ支拂地トナシ東京ニ於テ二百弗ノ爲替手形ヲ振出シ同地ニテ之ヲ賣買スルトキハ常ニ二百弗ノ代價ニテ賣買スルヲ得ルモノニアラス則チ時々ノ相場ニ依リ或ハ多少ノ減價ヲ來スコトアリ今假リニ英國支拂ノ二百弗ノ爲替手形ノ相場ヲ百九十弗ト定ムルトキハ現ニ十弗ノ差額步合アルモノニシテ即チ此十弗ハ本條ニ所謂相場トナリ手形ノ費用額中ヘ算入スヘキモノトス

（九七）（質疑）　本條第二項ノ戻爲替手形ヲ遞次振出ス場合トハ如何ナルモノナリヤ又本爲替手形ノ支拂地ヨリ振出地ニ宛テタル一覽拂爲替手形ノ相場トハ如何ナルモノナリヤ

（决答）　戻爲替手形ヲ遞次振出ス場合トハ戻爲替手形ノ支拂人トシテ指名セラレタル償還義務者カ又更ニ自分ニ讓渡ヲ爲シタル者ニ對シテ戻爲替手形ヲ振出ス

ヲ云フ本爲替手形ノ支拂地ヨリ振出地ニ宛テタル一覽拂爲替手形ノ相場トハ例ヘハ本ト英國ニ於テ振出シタル横濱拂ノ爲替手形ヲ米國ニ於テ裏書讓渡ヲ爲シタル場合ニ於テ横濱ニ在ル所持人ハ英國ニ在ル振出人ニ對シテ戻爲替手形ヲ振出サス米國ニ在ル讓受人カ右振出人ニ對シ戻爲替手形ヲ振出スヘキ前號ニ揭ケタル相場ノ差カ横濱ト英國トノ間ノ差ヨリモ米國ト英國トノ間ノ差カ多キトキハ其多キ部分ハ之ヲ費用額中ヘ算入スルコトヲ得サルヲ謂フ例ヘハ横濱ト英國トノ間ニ於テハ其相場ノ差カ十圓ナルニ米國ト英國トハ十五圓ナルトキハ之ヲ十圓マテ減セサルヘカラサルノ類ヲ云フ

第八百一條　戻爲替手形ニハ拒マレタル爲替手形、拒證書及ヒ償還計算書ヲ添フ可シ

第八百二條　戻爲替手形ヲ支拂ヒタル者ハ其前者中ノ一人ニ宛テ更ニ戻爲替手形ヲ振出スコトヲ得

第十一欵　資金

第八百三條　振出人又ハ自己計算ニテ爲替手形ヲ振出サシメタル

者又ハ明示シテ爲替資金ヲ供スル義務ヲ負ヒタル裏書讓渡人ハ支拂人ニ對シテ爲替資金ヲ供スル義務ヲ負フ

第八百四條　現金支拂ノ外爲替資金義務者カ支拂人ニ對シテ有スル債權又ハ信用ハ之ヲ爲替資金ニ充ツルコトヲ得

（九八）（質疑）　爲替振出人タル甲商店ハ嘗テ支拂人タル乙商店ヨリ五千圓ヲ限リトシ信用ヲ有セリ即チ乙商店ハ甲商店ノ爲メニ何時ニテモ金圓ノ入用アルトキハ五千圓ヲ限リ立替ヲ爲シ又ハ直チニ貸渡シ致スヘシトノ信用約束ヲ爲セリ此場合ニ於テ甲商店ハ乙商店ノ支拂人タル七千五百圓ノ爲替手形ヲ振出シタルトキハ其爲替資金ハ五千圓ハ信用ヲ以テ控除シ殘二千五百圓丈ケノ送金ヲ爲スヲ以テ足ル可キ乎

（決答）　甲商店カ乙商店ニ對シテ有スル信用即チ五千圓ハ本條ノ明文ニ依リ何時ニテモ爲替資金ニ充ツルコトヲ得ヘキモノナルカ故ニ此場合ニハ甲商店ハ現金二千五百圓ノ送金ヲ爲セハ足レルモ其五千圓ハ信用ヲ以テ控除スル旨ヲ同時ニ通知スルコトヲ要スルナリ

第八百五條　方式ニ依ラサル引受ト雖モ其引受ニ依リテ引受人カ爲替資金義務者ヨリ爲替資金ヲ受取リタリトノ推定ヲ生ス但參加引受ヲ爲シタルトキハ此限ニ在ラス

(九九)(質疑)　本條ニ方式ニ依ラサル引受即チ引受カ第七百三十七條ノ規定ニ適合セス單ニ署名又ハ捺印ノミノモノト雖モ其引受ニ因リテ引受人カ爲替資金義務者ヨリ爲替資金ヲ受取リタリトノ推定ヲ生ストアリ其推定トハ如何ナル効力アリヤ

(決答)　推定ノ効力ハ即チ他ナシ本條ニ於テ爲替資金ヲ受取リタルモノト見做スカ一旦引受ヲ爲シタル支拂人ハ實際未タ爲替資金ノ送達ヲ受ケスト雖モ滿期日ニ至レハ所持人ニ對シ爲替金額ヲ支拂ハサルヘカラス之レ本條ニ於テ爲替資金ヲ受取リタリトノ推定ヨリ生スル効力ナリトス

第八百六條　爲替資金義務者ト所持人トノ間ニ在テハ爲替手形ノ引受ニ依リテ爲替資金ヲ供シタリトノ推定ヲ生セス

第八百七條　爲替手形ノ支拂ヲ爲シタル支拂人ハ爲替資金ノ請求

權ヲ爲替ノ原則ニ從ヒテ主張スルコトヲ得

第八百八條　支拂人ニ代ハリテ爲替手形ノ支拂ヲ爲シタル者ハ支拂人又ハ償還義務者ニ對シテ所持人ノ權利ヲ主張スルコトヲ得

第八百九條　振出人及ヒ裏書讓渡人ハ爲替資金ヲ供シタルモ爲替手形ノ引受及ヒ支拂ニ付キ連帶ノ責任ヲ免カルルコトヲ得ス然レトモ其責任ハ別段ノ契約ヲ以テ其契約者間ニ於テノミ之ヲ制限シ又ハ廢止スルコトヲ得

第八百十條　支拂人ハ爲替資金ヲ受取リタルトキハ勿論假令之ヲ受取ラサルモ振出人其他ノ爲替資金義務者ニ對シ爲替手形ノ引受及ヒ支拂ノ義務ヲ明示ニテ負擔シタルトキハ引受若クハ支拂ヲ爲ササルニ因リテ振出人其他ノ爲替資金義務者ニ生セシメタル損害ニ付キ責任ヲ負フ但此損害ニ付テノ請求ハ豫メ之ヲ支拂

人ニ通知スルコトヲ要セス

第二節　約束手形

第八百十一條　約束手形ニハ左ノ諸件ヲ記載スルコトヲ要ス

第一　振出ノ年月日及ヒ場所

第二　支拂金額但文辭ヲ以テ記ス可シ

第三　受取人ノ氏名又ハ其指圖セラレタル人若クハ所持人ニ支拂フ可キ旨

第四　滿期日

第五　振出人ノ署名、捺印

第八百十二條　約束手形ハ振出人ノ指圖ニテ之ヲ振出スコトヲ得ス

第八百十三條　約束手形ニ別段ノ支拂地ヲ掲ケサルトキハ振出ノ

場所ニ於テ其支拂ヲ爲スコトヲ要ス

第八百十四條　約束手形ノ振出人ハ其振出ニ因リテ滿期日ニ支拂ヲ爲ス義務ヲ負擔ス

振出人ニ對シテ爲替權利ヲ保全スルニハ引受ヲモ支拂ノ爲メノ呈示ヲモ拒證書ノ作成ヲモ要スルコト無シ然レトモ一覽後定期拂ノ約束手形又ハ他所拂人ヲ揭ケタル約束手形ニ在テハ其振出人ニ關シテモ第七百三十五條及ヒ第七百七十八條ノ規定ヲ適用ス

(二〇〇)(上告論旨)　上告人ハ電燈機械代金取戾事件ニ付東京控訴院カ明治二十四年十二月二十四日言渡シタル判決ニ對シ全部破毀ノ申立ヲ爲シタリ其論旨ニ曰ク約束手形ハ流通シ得ヘキ性質ヲ有スルモノトスルモ振出人又裏書人ヲ信用セサルトキハ流通シ得サルモノニ付一概ニ之レヲ現金ト同視スルヲ得サルナリ現ニ本案第一號證ノ如キハ他ニ流通セシメタルニアラス乙第二號第四號證ノ如

ク支拂ノ督促ヲ受ケ被上告人ハ乙第三號乙第五號證ノ通リ支拂延期ヲ申込ミ今仍ホ之レカ支拂ヲ怠リ居ルハ掩フヘカラサル事實ナルニ依リ乙第一號證ノ約束手形ヲ差入レタルヲ以テ現金ト同視シ被上告人カ甲第二號證ノ一ノ第三項ノ義務ヲ盡了シタルモノト云フコトヲ得サルナリ然ルニ原裁判所カ被上告人ニ於テ現ニ約束手形ノ支拂ヲ怠リシニモ拘ラス現金ト同視スヘキモノト爲シ其判文第一項前段ニ於ケルカ如ク即チ抑モ約束手形ナルモノハ通常義務負擔ノ證ト異ナリ其性質タル全ク現金ト同一ナルヲ以テ云々之レヲ現金ノ授受ト同一視スヘク隨テ被控訴人ハ甲第二號證ノ一ノ約定書第三項ノ義務ヲ盡シタルモノナリト云ハサルヲ得スト判決セラレタルハ則チ法則ヲ不當ニ適用シタル不法ノ裁判ナリト云フニ在リ

（判決要領）　即時ノ賣買ニテ物品ト現金ト交換スルニ當リ現金ニ代テ約束手形ヲ授受スル歟又ハ豫メ期日ヲ約定シテ物品ヲ授受フルモノト雖トモ物品授受ノ期日カ約束手形支拂ノ期日前ニ係ル歟又ハ支拂期日ノ後ニ係ルモ既ニ之レヲ他ヘ流通セシメタル歟ノ場合ニ在テハ現金ヲ授受セシト同視スヘキハ勿論ナリト雖トモ本案ノ如ク契約結了ノ當日電燈機械代金ノ三分一ヲ現金ニテ授受スヘキヲ之レニ代テ約束手形ヲ授受シ該手形ノ支拂期日ハ明治廿三年三月十日ニシテ電

燈機械ヲ被上告人ノ指圖ノ地ヘ送付スルハ同年六月三十日ニテ上告人ハ其手形ヲ他ヘ流通セシメタルニアラス今日仍ホ掌握アレハ其結果右約束手形ハ現金ノ授受ヲ三月十日迄延期セシニ齊シク被上告人ニ於テ約束期日ヲ經過スルモ之レカ支拂ヲ爲サヽル場合ニ在テハ最前授受セシ約束手形ハ其効用ヲ失シ機械代金ヲ拂入レサルモノト同樣ナルニ付今日ニ在テハ法理上一概ニ現金ヲ授受セシト同視スルヲ得サルナリ仍テ原裁判ハ上告論旨ノ如ク不法アルモノトス既ニ原裁判ハ要部ニ瑕瑾アリテ破毀スヘキニ付他ノ上告點ニ對シテハ辯明ヲ下サス（明治廿五年十月八日大審院第三民事部判決上告人柏村信被上告人河野政次郎）「本件ハ參照ノ爲メニ掲ク」

第八百十五條　右ノ外爲替手形ニ關スル規定ハ性質上牴觸セサルモノニ限リ約束手形ニモ之ヲ適用ス

第三節　小切手

第八百十六條　小切手ハ寄託其他ノ方法ニ依リ銀行ニ對シテ繼續スル信用ヲ有スル者カ其銀行ニ依賴シ之ヲシテ記名セラレタル人又ハ指圖セラレタル人若クハ所持人ニ呈示ヲ受ケ次第或ル金

額ヲ支拂ハシムル證劵タリ

第八百十七條　小切手ニハ年月日ヲ記シ振出人署名、捺印ス可シ又小切手ハ一覽拂トスルニ非サレハ之ヲ振出スコトヲ得ス其他銀行ト明示又ハ默示ニテ約定シタル振出ノ方式ハ之ヲ遵守スルコトヲ要ス

第八百十八條　小切手ハ裏書ヲ以テ之ヲ轉付スルコトヲ得若シ裏書讓渡人ノ署名捺印ノミヲ以テ裏書讓渡ヲ爲シタルトキ又ハ無記名式ニテ振出シタルトキハ交付ニ因リテ之ヲ轉付スルコトヲ得

第八百十九條　小切手ハ引受テモ拒證書テモ要スルコト無シ又小切手ハ日附後三个年ヲ以テ時效ニ罹ル

小切手ハ同地內ニ於テハ日附後五日內又振出地ト支拂地ト同シ

カラサルトキハ十日內ニ其支拂ヲ請求スヘシ

第八百二十條　呈示ノ上ニテ支拂ヲ受ケサルトキハ同地內ニ於テハ日附後十日內又振出地ト支拂地ト同シカラサル場合ニ於テハ二十日內ニ所持人ハ裏書讓渡人若クハ振出人ニ對シ裏書讓渡人ハ其前者若クハ振出人ニ對シテ償還請求權ヲ有ス但右ノ期限ヲ過キタルモ裏書讓渡人カ請求ヲ受ケタル翌日ニ爲シタル償還請求ハ有効ナリ

振出人ニ對シテハ振出人カ信用ヲ有セス又ハ信用ヲ消盡シ又ハ依頼ヲ取消シタルトキハ右期間ノ滿了後ト雖モ償還請求權ヲ有ス

振出人ハ爭アル場合ニ在テハ其小切手帳及ヒ通帳ヲ裁判所ニ差出ス義務アリ

第八百二十一條　振出人又ハ所持人ハ小切手ニ横線ヲ附シ其横線內ニ特ニ銀行ノミニ支拂フ可キ旨ヲ記載スルコトヲ得

第八百二十二條　小切手ハ支拂金ヲ受取ル時受取證ヲ記シテ之ヲ交付スルコトヲ要ス

第八百二十三條　日附ヲ爲サス若クハ虛僞ノ日附ヲ爲シテ小切手ヲ振出シ裏書讓渡シ若クハ之ニ受取證ヲ記スル者又ハ日附ナキ小切手ヲ受取リ支拂ヒ若クハ之ニ受取證ヲ記スル者又ハ相當ノ信用ナクシテ小切手ヲ振出シ若クハ正當ノ理由ナクシテ依賴ヲ取消ス者ハ小切手金額ノ百分ノ十ノ過料ニ處ス若シ刑法上ノ刑ニ處ス可キ行爲アルトキハ併セテ其刑ニ處ス

前項ノ過料ニ付テハ第二百六十一條第一項ノ規定ヲ適用ス

第三編　破產

破產宣告

第一章　破產宣告

第九百七十八條　商ヲ爲スニ當リ支拂ヲ停止スル者ハ自己若クハ債權者ノ申立ニ因リ又ハ職權ニ依リ裁判所ノ決定ヲ以テ破產者トシテ宣告セラル但此決定ニ對シテハ即時抗告ヲ爲スコトヲ得

前項ノ決定ハ口頭辯論ヲ要セスシテ之ヲ爲スコトヲ得

(一〇二)(質疑)　裁判所構成法第二十八條ヲ以テ破產事件ニ付テハ金額ノ多寡ニ拘ハラス地方裁判所ノ裁判權ニ屬セラレタルハ事體商法ノ重事ナルヲ以テ審問上ノ敏捷ナルト且ツ誤リナカランコトヲ要スルカ爲メニ特ニ鄭重ナル法條ヲ設ケラレタルナラン歟果シテ然ラハ假令甲號支部及ヒ某地方裁判所管內乙丙兩區裁判所ノ如キ地方裁判所ニ屬スル民事第一審ノ裁判權ヲ有スル支部ト雖モ破產事件ニ付テハ其權限ヲ有セサルヤ否ヤ

(決答)　甲號支部ニ在テハ民事第一審ノ裁判權ヲ有スルモノナレハ民事中ニ破產事件モ包含スルモノト解釋セサルヘカラス而シテ右乙丙兩區裁判所ノ如キ司法省令ヲ以テ甲號支部ニ準シ民事第一審ノ裁判權ヲ有セシメラレタル支部ニ在テ

ハ當然破産事件ヲ取扱ハシムルモ差支ナキナリ

(一〇二)(質疑) 國立銀行破産ノ場合ニ於テハ破産法ニ依リ處分スヘキモノナリヤ否ヤ

(決答) 國立銀行ハ明治九年第百六號布告國立銀行條例ナル特別法ノ支配ヲ受クヘキモノニ付キ破産ノ場合ト雖モ商法破産法ノ規定ヲ適用セス同條例第十二章ヲ定ムル官命鎖店ノ手續ニ依リ處分スヘキモノトス

(一〇三)(質疑) 茲ニ甲ナル者アリ或ル國立銀行ニ對シ何時ニテモ請求次第支拂ヲ受クヘキ預金ヲ有シ而シテ屢々其支拂ヲ請求スルモ同銀行ニ於テ之ニ應セサルヨリ甲ハ該銀行ヲ相手取リ預金請求ノ訴訟ヲ提起シ併セテ其請求ニ係ル債權ニ付キ強制執行ヲ保全スル爲メ同銀行ノ所有財産ニ對シ假差押又ハ假處分ヲ申請スル場合ニ於テハ無論其處分ニ及フモ差支ナキモノナリヤ

(決答) 國立銀行ハ支拂ノ停止ヲ爲スモ銀行條例中官命鎖店ナル特別處分ノ規定アルカ爲メニ破産法ノ適用ヲ受ケスト云フニ過キス其未タ官命鎖店ヲ命セラレサル間ハ民事訴訟ニ付キ一般當事者ト異ナル所ナキヲ以テ或ル債權者カ其請求ノ執行ヲ保全スル爲メ銀行ノ所有財産ニ對シ假差押若クハ假處分ヲ申請スルトキハ裁判所ハ普通ノ訴訟手續ニ從ヒ之ヲ命スヘキモノトス

（一〇四）書式

破産決定原本（正本謄本

謄本住所身分職業

何　　　某

右ノ者ニ對スル破産事件ニ付當地方裁判所ハ本人何某ノ申立ニ因リ之ヲ審査スルニ何某カ支拂ヲ停止シタルハ其提出ニ係ル支拂停止屆書貸借對照表及商業帳簿（何某ノ陳述及何々ノ事實）ニ據リ明亮ナリト認ムルヲ以テ商法第九百七十八條ニ依リ決定スルコト左ノ如シ

何某ヲ破産者ト宣告ス

何某ノ支拂停止ハ明治何年何月何日何時トス（支拂停止ノ年月日ハ別ニ決定ヲ以テ之ヲ定ム）

判事何某ヲ本件破産主任官ニ住所身分職業何某ヲ本件破産管財人ニ選定ス破産者ノ動産ハ總テ封印ヲ命ス

破産者ニ對シテ債務ヲ負フ者及ヒ破産財團ニ屬スル物件ヲ占有スル者ト破産者ニ債務ノ辨濟又ハ物件ノ交付ヲ爲スヘカラス

破産者ノ債權者ハ其請求權ヲ何年何月何日マテニ破産主任官ニ屆出ヘシ

屆出債權調査會ハ何年何月何日何時債權者集會ハ何年何月何日何時當地方裁判

所（某所）ニ於テ開ク

明治何年何月何日何時

某地方裁判所民事第一部

裁判長　判事　ヽヽヽ

判事　ヽヽヽ

判事　ヽヽヽ

右原本ニ依リ正本謄本ヲ作ルモノナリ

年　月　日

裁判所書記　何　某　印

破産決定原本（正本謄本）

住所身分職業

何　　某

右ノ者ニ對スル破産事件ニ付當地方裁判所ハ債權者住所身分職業何某ノ申立ニ依リ之ヲ審査スニル被申立人何某カ支拂ヲ停止シタルハ申立人竝ニ被申立人何某ノ疎述其提出ニ係ル支拂停止屆書貸借對照表商業帳簿及ヒ何々ノ事實ニ據リ明亮ナリト認ルヲ以テ商法第九百七十八條ニ依リ決定スルコト左ノ如シ

ヽヽヽヽヽヽヽヽヽヽ

ヽヽヽヽヽヽヽ

破　産　宣　告

（前段ト同シ）

破産決定原本（正本謄本）

住所身分職業

何　　某

右ノ者ニ對スル破産事件ニ付當地方裁判所ハ職權ヲ以テ之ヲ審査スルニ何某カ支拂ヲ停止シタルハ（何某ノ提出ニ係ル支拂停止屆書貸借對照表商業帳簿及ヒ何某ノ（陳述何々ノ事實）ニ據リ明亮ナリト認ムルヲ以テ商法第九百七十八條ニ依リ決定スルコト左ノ如シ

、、、、、、、、

、、、、、、、、

（前々段ト同シ）

第九百七十九條　支拂停止ハ其停止ヲ爲シタル本人ヨリ又會社ニ在テハ業務擔當ノ任アル社員又ハ取締役又ハ清算人ヨリ支拂停止ノ日ヲ算入シテ五日內ニ其營業所又ハ住所ノ裁判所ニ書面ヲ以テ又ハ口述ヲ調書ニ筆記セシメテ之ヲ屆出ツ可シ此屆出ニハ

支拂停止ノ事由ヲ明示シ及ヒ貸借對照表並ニ商業帳簿ヲ添フルコトヲ要ス

貸借對照表ニハ左ノ諸件ヲ包含ス

第一　總テノ動產、不動產其他債權ノ列擧及ヒ價額

第二　總テノ債務

第三　利益及ヒ損失ノ概要

第四　每月ノ一身上ノ費用及ヒ家事費用ノ支出額

第九百八十條　破產決定書ニハ左ノ諸件ヲ包含ス

第一　支拂停止ノ日時但此日時ハ後日裁判所ノ決定ヲ以テ之ヲ定ムルコトヲ得

第二　破產主任官及ヒ一人又ハ二人以上ノ破產管財人ノ選定

第三　破產財團ノ保全ニ必要ナル處分ニ付テノ命令

第四　破產者ノ債務者又ハ財團ニ屬スル物ノ占有者ニ對スル拂渡差押ノ命令
第五　破產者ノ總債權者ニ對シ其請求權ヲ短クトモ三个月長クトモ六个月ノ期間ニ破產主任官ニ届出ツ可キ旨ノ催告
第六　調査會ノ期日及ヒ債權者集會ノ期日ノ指定
第七　破產宣告ノ日時
破產決定書ハ之ヲ檢事ニ送致ス可シ

第九百八十一條　破產宣告ハ即時ニ裁判所ノ揭示場並ニ破產者ノ營業場ニ貼付シ及ヒ其地ノ新聞紙ニ載セテ之ヲ公告スルコトヲ要ス其宣告ハ假執行ヲ爲スコトヲ得

(一〇五)(質疑)　地方裁判所支部ニ於テ商法ニ依リ破產宣告ヲ公告スルニ當リ其地ニ發行ノ新聞紙ナキトキハ地方裁判所本廳所在地ニテ發行ノ新聞紙ニ公告ス

ルモ差支ナキヤ
（決答） 支部ハ地方裁判所本廳ノ一部トシテ破産ヲ宣告スルモノナルニ付キ本廳所在地ニ於テ發行スル新聞紙ハ即チ商法第九百八十一條ニ所謂其地ノ新聞紙ニ該當スルヲ以テ右ノ新聞紙ニ載セテ公告ヲ爲スハ法律ノ正面ナリトス
第九百八十二條 破産者ノ財産ヲ以テ破産手續ノ費用ヲ償フニ足ラサルトキハ前條ノ手續ヲ除ク外其後ノ手續ヲ停止ス其手續ノ停止ハ之ヲ公告スルコトヲ要ス
然レトモ破産手續ノ費用ヲ償フニ足ル破産者ノ財産アルコトヲ證明スル時ハ申立ニ因リ又ハ職權ヲ以テ即時其手續ヲ再施ス」
破産手續ノ停止ハ其繼續スル間ハ第千四十九條ニ掲ケタル效力ヲ有ス
（一〇六）（質疑） 破産手續ノ費用ハ職權ヲ以テ破産宣告ヲ爲シタル場合ノ外ハ申立人ヨリ之ヲ支辨セシムヘキモノトスルモ其申立人破産者自己ニ係リ而シテ其財産破産手續ノ費用ヲ償フニ足ラサルヲ以テ其手續ヲ停止シタルトキハ乃チ其

停止ヲ公告スルニ至ル迄ニ要シタル費用ニシテ仍ホ支辨シ能ハサルトキハ其費用ハ國庫ノ負擔ニ歸セシムルモ差支ナキヤ
（決答）　破產手續ニ關スル費用ハ債務者ヨリ申立ヲ爲ス場合ト雖モ均シク其豫納ヲ爲サシメテ其內ヨリ之ヲ支辨スヘク職權ヲ以テ破產ヲ宣告シタル場合ヲ除ク外一切國庫ヨリ之ヲ支辨スヘキモノニアラサルニ付キ費用ヲ償フニ足ラサルカ爲メ破產手續ヲ停止シタル場合ニ於ケル費用ト雖モ之ヲ國庫ノ負擔ニ歸セシムルヲ得サルモノトス
（一〇七）（質疑）　商法第九百八十二條破產手續ノ費用ヲ償フニ足ラスト認ムルニハ職權ニ依リ破產宣告ヲ爲ス場合ハ勿論申立ニ依リ宣告スル場合ニ於テモ其財產ノ有無ヲ取調フヘキモノニシテ之ヲ取調フル者ハ即チ管財人ナルヘク故ニ破產每トニ必ス管財人ノ手數ヲ要シ財產アラサル每トニ必ス管財人ノ損失ヲ來スモノナルヘシ然ルニ「若シ破產財團ヨリ其費用ヲ償フニ足ラスト認ムルトキハ第九百八十二條ニ依リ其手續ヲ停止ストスレハ管財人ニ於テ損失ヲ蒙ムル場合稀ナルヘシ」ト云フトキハ管財人ノ取調ヲ待タスシテ費用償フニ足ラサルヲ認ムルヲ得ルモノヽ如シ果シテ然レハ破產主任官ハ如何シテ破產者財產ノ有無ヲ確知スヘキヤ

（決答）　破產管財人ハ商法第千十二條及第千十四條ノ規定ニ從ヒ破產宣告後即時ニ財團ヲ占有シ財產目錄ヲ作ルヘキヲ以テ隨テ之カ爲メニハ管財人ニ於テ破產者ノ財產調ヲ爲サヽルヘカラス故ニ實際ノ財產調ヲ爲スヘキ者ハ管財人ナリト雖モ商法第九百八十二條ニ依リ破產者ノ財產ヲ以テ破產手續ノ費用ヲ償フニ足ラサルコトヲ認メ破產手續ノ停止ヲ決定スヘキモノハ破產裁判所ナリトス元來破產宣告ヲ爲スハ多クハ破產者ノ財產カ貸借相償フコト能ハサル場合ナルヘシト雖モ畢竟債權者ノ利益ヲ重要ノ目的トスルヲ以テ無一物ノ貧者ニ對シテ一々破產宣告ヲ爲スニ至ルヘキモノニ非ス且管財人ハ商法第千九條ニ依リ財團ヨリ第一ニ其報酬ノ支拂ヲ受ク可キカ故ニ破產者ニ於テ既ニ多少ノ財產ヲ有スル以上ハ管財人カ損失ヲ受クルコトハ實際極メテ稀ナルヘキナリ

（一〇八）（質疑）　債權者ヨリノ申立ニ因リ破產宣告ヲ爲シ保全處分ヲ爲ストキハ勿論債權者ヨリ手數料ヲ支拂ハシムヘキモ職權上破產宣告ヲ爲シタル未保全處分ヲ命シ破產者全ク無資力ナルトキハ執達吏ノ手數料旅費等ハ國庫ニ於テ立替支拂フヘキヤ

（決答）　本問ノ場合申立ニ依リ破產ノ宣告ヲ爲シタルト又ハ職權ヲ以テ其宣告ヲ爲シタルトヲ問ハス其費用ハ財團ヨリ支拂フヘキモノナルモ職權ヲ以テ破產ヲ

宣告シタル場合ニ限リ破産者無資力ナルニ於テハ立替金ニ限リ國庫ヨリ假リニ支拂置クヘキモノトス

（一〇九）（質疑）破産事件ニ付キ立替ヲ爲ス費用額ハ明治二十三年法律第六十四號民事訴訟法費用法ヲ準用シテ之ヲ豫定スヘキモノナリヤ

（決答）明治二十三年法律第六十六號ニ於テ破産事件ヲ以テ一ノ非訟事件ト爲シアルヲ以テ民事訴訟費用法第十六條ニ基キ破産事件ノ立替金ノ算定ニモ同費用法ヲ準用シ得ヘキモノトス

（一一〇）（書式）破産手續再施決定原本（、、、、）

、、、、、

右ノ者ニ對スル破産事件ニ付當地方裁判所ハ債權者何某（破産主任官判事何某管財人何某破産者何某）提出セシ何々ノ證明且ツ其申立ニ依リ（何々ノ證明ニ因リ職權ヲ以テ）之ヲ審査スルニ破産者何某ノ總財産ハ破産手續ノ費用ヲ償フニ足ルモノト認ムルヲ以テ商法第九百八十二條ニ依リ決定スルコト左ノ如シ

、、、、、、

明治年月日當地方裁判所ノ破産手續停止決定ヲ取消シ其手續ヲ再施ス

、、、、、、、、、、

年　月　日　、、、、、、、、、、
、、、、、
、、、、、

(一一一)(書式)　破産手續停止決定原本(、、、)

住所身分職業
破産者　何　某

右ノ者ニ對スル破産事件ニ付當地方裁判所ハ破産主任官判事何某(管財人何某)ノ申立ニ因リ財産目錄及ヒ何々ノ書類ヲ閱シ之ヲ審査スルニ明治年月日ノ破産宣告ニ基キ其手續ニ着手シ何々ヲ爲シタルモ破産者ノ總財産ハ破産手續ノ費用ヲ償フニ足ラサルモノト認ムルヲ以テ商法第九百八十二條ニ依リ決定スルコト左ノ如シ

何某ノ破産手續ハ之ヲ停止ス　、、、、、、、、、、、、、

年　月　日　、、、、、、、、、
、、、、、、
、、、、、、、

第九百八十三條　破產主任官ハ總テノ破產手續ヲ指揮シ及ヒ監督スルコトヲ要ス其命令ハ假執行ヲ爲スコトヲ得然レトモ此命令ニ對シテハ破產裁判所ニ即時抗告ヲ爲スコトヲ得

第九百八十四條　檢事ハ職權ヲ以テ破產者ノ罰セラル可キ所爲ノ有無ヲ搜査シ且此カ爲メ取引帳簿其他ノ書類ノ展閱ヲ求ムルコトヲ得

第二章　破產ノ効力

第九百八十五條　破產宣告ニ依リ破產者ハ破產手續ノ繼續中自己ノ財產ヲ占有シ管理シ及ヒ處分スル權利ヲ失フ

破產宣告ノ日ヨリ以後ハ破產者ノ爲シタル支拂其他總テノ權利行爲及ヒ破產者ニ爲シタル支拂ハ當然無効トス

破產者ノ動產、不動產ニ關スル訴及ヒ執行ハ特リ管財人ヨリ又

ハ管財人ニ對シテ之ヲ起シ又ハ繼續スルコトヲ得

第九百八十六條　破産者ノ營業ノ用ニ供スル動産ニ對シテ不動産賃貸ノタメニスル强制執行ハ三十日間之ヲ猶豫ス但賃貸人カ其賃貸物ヲ取戻ス權利ヲ有スルトキハ此限ニ在ラス

第九百八十七條　各箇債權者ハ優先權ノ存スルニ非サレハ破産處分中破産者ノ財産ニ對シテ强制執行ヲ爲スコトヲ得ス

第九百八十八條　辨濟期限ノ未タ至ラサル破産者ノ債務ハ破産宣告ニ依リテ辨濟期限ニ至リタルモノトス

爲替手形ノ引受人又ハ引受ナキ爲替手形ノ振出人又ハ約束手形ノ振出人カ破産宣告ヲ受ケタルトキハ其償還義務ニ付テモ前項ノ規定ヲ適用ス

第九百八十九條　財團ニ對シテハ破産宣告ノ日ヨリ利息ヲ生スル

コトヲ止ム但抵當權、質權其他ノ優先權ヲ以テ擔保セラレタル債權ハ其擔保物ノ賣拂代金ニ滿ツルマテヲ限トシテ利息ヲ生スルコトヲ得

第九百九十條　支拂停止後又ハ支拂停止前三十日內ニ破產者カ爲シタル贈與其他ノ無償行爲又ハ之ト同視ス可キ有償行爲期限ニ至ラサル債務ノ支拂、期限ニ至リタル債務ノ代物辨濟及ヒ從來負擔シタル債務ノ爲メ新ニ供スル擔保ハ財團ニ對シテハ當然無効トス

第九百九十一條　前條ニ揭ケタルモノノ外債務者カ支拂停止後破產宣告前ニ財團ノ損害ニ於テ爲シタル總テノ支拂及ヒ權利行爲ハ相手方カ支拂停止ヲ知リタルトキニ限リ財團ノ計算ノ爲メ之ニ對シテ異議ヲ述フルコトヲ得

然レトモ手形ヲ支拂ヒタル場合ニ於テハ爲替手形ヲ振出シ又ハ振出サシムル際支拂停止ヲ知リタル振出人又ハ振出委託人ヨリ又約束手形ニ在テハ裏書讓渡ノ際支拂停止ヲ知リタル第一ノ裏書讓渡人ヨリ其支拂金額ヲ償還スルコトヲ要ス

第九百九十二條　有効ニ取得シタル抵當權其他合式ノ登記ニ因リテ法律上効力ヲ有ス可キ權利ハ支拂停止後ニ在テハ其取得ノ時ヨリ十五日ヲ過キサルトキニ限リ破産宣告ノ日マテ登記ヲ爲スコトヲ得

第九百九十三條　破産宣告ノ時ニ破産者及ヒ其相手方ノ未タ履行セス又ハ履行ヲ終ヘサル雙務契約ハ孰レノ方ヨリモ無賠償ニテ其解約ヲ申入ルルコトヲ得

賃貸借契約又ハ雇傭契約ニ在テハ解約申入ノ期間ニ付キ協議調

ハサルトキハ法律上又ハ慣習上ノ豫告期間ヲ遵守ス可シ

第九百九十四條　契約者ノ一方ノ義務不履行ノ爲メ他ノ一方ニ於テ契約ヲ解除スル權利又ハ既ニ給付シタル物ヲ取戻ス權利ハ財團ニ對シテ之ヲ行フコトヲ得ス

第九百九十五條　相殺ノ權利アル債權者ハ期限ニ至ラサル債權又ハ金額未定ノ債權ト雖モ財團ニ對シテ其効用ヲ致サシムルコトヲ得

債權カ支拂停止後ニ生シ又ハ取得シタルモノナルトキハ支拂停止ヲ知リタル場合ニ限リ相殺ヲ許サス

第九百九十六條　債務者カ債權者ニ損害ヲ加フル目的ヲ以テ爲シタル權利行爲ハ相手方カ情ヲ知リタルトキニ限リ其日附ノ如何ヲ問ハス之ニ對シテ異議ヲ述フルコトヲ得

第三章　別除權

第九百九十七條　債務者ノ動產又ハ不動產ニ對シテ抵當權、質權其他ノ優先權ヲ有スル債權者ハ財團ヨリ先ツ辨償ヲ受ケタルニ非サレハ其擔保物ノ賣拂代金ヨリ費用、利息及ヒ元金ノ支拂ヲ受クルタメ別除ノ辨償ヲ請求スルコトヲ得若シ其賣拂代金ノ剩餘アルトキハ買主之ヲ財團ニ拂込ム可シ

第九百九十八條　優先權及ヒ其順序ハ民法及ヒ特別ノ法律ニ依リテ定マル

第九百九十九條　優先權ヲ有スル者其擔保物ノ賣拂代金ヨリ完全ナル辨償ヲ受ケサルトキハ其未濟ノ債權ハ他ノ債權者ト平等ナル割合ヲ以テ財團ニ對シテ之ヲ主張スルコトヲ得

第千條　債務者カ其支拂停止後ニ遺產ヲ取得シタルトキハ遺產債

權者及ヒ受遺者ハ遺產トシテ仍ホ現存スル遺產物ヨリ又ハ未タ債務者ニ支拂ハレサル遺產ニ屬スル金錢ヨリ別除ノ辨償ヲ請求スルコトヲ得

第千一條　破產者ノ財產ニシテ民事訴訟法ニ從ヒ强制執行ノ爲メ差押フルコトヲ得サルモノハ之ヲ財團ニ加フルコトヲ得ス但債權者ニ優先權ノ屬スルモノニ付テハ第九百九十七條ノ規定ニ從フ

第四章　保全處分

第千二條　裁判所ハ破產宣告ト同時ニ債務者ノ動產ノ封印ヲ命ス」會社ニ在テハ連帶無限ノ責任ヲ負ヘル總社員ノ財產ニ對シテ右ノ處分ヲ行フ

（一一二）（質疑）　商法第九百八十條及ヒ第千二條ニ依リ破產裁判所カ決定ヲ以テ

破産者ノ動産ノ封印ヲ命シタル場合ニ於テ其執行ハ何人カ為スヘキモノナルヤニ付キ數説アリ曰ク

執達吏

裁判所職員（或ル場合ニ於テハ警察官）

管財人

右三種ノ内何レカ適當ナルヤ

（決答）　封印ノ命令ハ執達吏之ヲ執行ス但選定セラレタル管財人（商法施行條例第三十八條參照）ハ其受任職權上之ヲ執行スルコトヲ得」

破産者ノ動産ヲ封印スルコトハ破産手續施行上ノ一行為ニシテ破産裁判所ノ命令ヲ須テ之ヲ行フコトヲ得執達吏ハ（執達吏規則第一條參照）一般裁判ヲ執行スルカ為メ設定セラレタル官職ヲ有スルモノナレハ法律上特別ナル規定ナキ限リハ當然此職權ヲ行フヘキモノトス破産裁判所カ破産法第千二條ニ從ヒ下ス所ノ命令ハ一ノ裁判ニシテ而シテ法律上特ニ之カ執行者ヲ定メス故ニ一般ノ規則ニ從ヒ執達吏ヲ以テ其相當吏員ト判斷セサルヘカラス且ツ破産手續ノ性質ヨリ觀察スルモ亦執達吏ヲシテ封印ヲ取扱ハシムルヲ相當トス何トナレハ破産手續ナルモノハ一般債權者ノ為メニスル一ノ強制執行ニ過キス而シテ執達吏ハ特例ナキ場合ニ於テ

ハ執行行爲ノ實行者ナレハ(民事訴訟法第五百三十一條參照)破產手續上一ノ保全處分ナル封印ハ亦其職務上取扱フヘキモノナレハナリ(執達吏職務細則第百八條及商法第千十八條參照)又破產裁判所カ選定スル管財人ハ受任事件ノ爲メニハ當然封印ノ命令ヲ執行スル委任ヲ受ケタルモノト謂フヘシ何トナレハ此執行行爲ハ財團管理ニ屬スル一行爲ニ外ナラサレハナリ(商法第千十一條第千五條參照)

(一一三)(質疑) 執達吏破產裁判所ヨリノ命ヲ以テ保全ノ爲メ動產ニ對シ封印ヲ爲シタルトキハ手數料ヲ受クヘキモノナリヤ否ヤ

或ハ曰ク縱令其宣告ハ裁判所ノ職權ヲ以テ之ヲ爲シタルモノナルニモセヨ財產保全ノ爲メ利益ヲ受クルモノハ債權者ナルヲ以テ執達吏手數料規則第三條ノ區別ニ準シ財團ヨリ支拂ハシムルヲ得ヘシト

(決答) 按スルニ裁判所カ執達吏ニ對シ破產者ノ財產ニ封印ヲ爲サシムルハ執達吏規則第三條ニ依リ職務トシテ之ヲ命スルモノニ付キ同規則第十六條ニ從ヒ立替金ノ外手數料ヲ受クルコトヲ得ス殊ニ類似ノ關係タニナキ有體動產等ノ差押手數料ヲ受クルコトヲ得サルナリ

第千三條 破產者カ逃走シ若クハ其財產ヲ隱匿スルノ虞アリト認

ムルトキハ裁判所ハ其監守ヲ命スルコトヲ得

會社ニ在テハ業務擔當ノ任アル社員又ハ取締役ニ對シテ右ノ處分ヲ行フ

破産者ハ裁判所ノ許可ヲ受クルニ非サレハ其住地ヲ離ルルコトヲ得ス又裁判所ハ何時ニテモ破産者ノ引致ヲ命スルコトヲ得

（一一四）（質疑）　合資會社破産ノ管財人ハ商法第千二條二項ノ處分ノ外其業務擔當人ノ財産ニ對シ保全管理及ヒ換價ノ處分ヲ爲シ得サルカ果シテ然ラハ更ニ破産ノ宣告ヲ要スルヤ

（決答）　商法第千三條ノ明文ニ依リ破産者ト爲シタル點ヨリ觀ルトキハ會社ニ對シ破産ノ宣告アリシトキハ其効力ハ業務擔當社員ニ及フモノト斷定セサルヲ得ス從テ別ニ破産ノ宣告ヲ要セスシテ其財産ニ對シ保全管理及ヒ換價ノ處分ヲ爲シ得ヘキモノトス

（一一五）（質疑）　商法第千三條第一項ニ裁判所ハ破産者ノ監守ヲ命スルコトヲ得施行條例第四十八條ニ監守ヲ爲ストキハ警察官吏債務者ノ住所ニ付云々トアリ

右監守ノ必要上外人ト面接通信ヲ禁スルノ外例ヘハ被監守者ノ外出ヲ禁シ又ハ居宅內ト雖モ特定ノ一室內ニ起臥セシメ室外ニ出ツルヲ禁シ又ハ數個ノ門戶アルトキハ一個ノ外他ヲ閉鎖セシムル等行動ノ自由ヲ檢束シ得ルヤ否

(決答) 破產者ヲ監守スルハ畢竟其逃走若クハ財產隱匿ヲ防クノ目的ニ外ナラサレハ外出ヲ禁スル等ハ妨ケナシト雖モ破產者ヲシテ一室內ニ起臥セシメ其室ヲ出ツルコトヲ禁スルカ如キハ監守ノ目的以外ニ出ツルヲ以テ之ヲ爲スコトヲ得ス

(一一六)(質疑) 商法第千三條第三項破產者ニ對スル引致狀ノ効力ハ之ヲ裁判所ニ引致スルニ止マリ或ル時間勾束スルノ力ナキヤ果シテ勾束シ得サルトキハ裁判所閉廳時間ニ引致シタル者ノ處分ハ如何其執行手續ハ施行條例第四十九條ニ刑事訴訟法ニ定メタル勾引狀執行ノ手續ニ準ストアルヲ以テ引致者勾束ノ効力モ勾引狀ト同一ノモノト爲スコトヲ得ヘキヤ

(決答) 商法施行條例第四十九條但書ニ於テ其執行ハ刑事訴訟法ニ定メタル勾引狀執行ノ手續ニ準ストアルハ即チ引致狀執行手續ノミニ關シテ刑事訴訟法ヲ準用ストノ意義ニシテ引致狀ノ効力ヲモ勾引狀ト同一ナリト云フニアラス故ニ破產者ニ對スル引致狀ハ破產者ヲ引致スルニ止マリ設令裁判所閉廳後ト雖モ拘束

シ置クコトヲ得ス但既ニ裁判所ニ於テ監守ヲ命シタル破産者ニ對シテハ之ヲ引致スル場合ニハ其監守ヲ續行スルコト勿論ナリトス

（一一七）書式 引致監守命令

右ハ明治何年何月日時破産宣告ヲ受ケタル所何々ノ事實ニ依リ其財產ヲ隱匿（ヘ逃走）スルノ虞アルモノト認ムルヲ以テ當地方裁判所ハ商法第千三條ニ依リ命令スルコト左ノ如シ

何某ヲ引致（監守）ス

年　月　日

第千四條　管財人カ破産者ノ財產ヲ財產目錄ニ載セ且之ヲ占有シタルトキ又ハ監守ノ事由最早存セサルトキハ裁判所ハ其決定ヲ

保全處分

財産目錄ニ記載セシメ且管財人之ヲ占有セシムルヲ以テ破産者ヲ釋放ス可シ然レトモ破産者ヲシテ裁判所又ハ管財人ノ呼出ニ應シ何時ニテモ出頭ス可キ爲メノ擔保ヲ供スル義務ヲ負ハシムルコトヲ得

取上ケタル擔保ハ之ヲ財團ニ歸セシム

（一一八）　書式　釋放決定

右ハ明治年月日監守ヲ命シタルモ何々ニヨリ監守ノ事由最早存セサルモノト認ムルヲ以テ（破産者ノ財産ハ財産目錄ニ載セ且管財人之ヲ占有セシヲ以テ）當地方裁判所ハ商法第千四條ニ依リ決定スルコ左ノ如シ

何某ノ監守ヲ釋放ス

但シ何某ハ裁判所又ハ管財人ノ呼出ニ應シ出頭スヘキ爲メ何々ノ擔保ヲ供スヘシ

第千五條　管財人カ債務者ノ財産ヲ財産目録ニ載セ且之ヲ占有シタルトキハ直チニ其封印ヲ解ク可シ

第千一條ニ依リ財團ニ加フルコトヲ得サル物及ヒ財團ノ爲メニスル即時ノ換價又ハ繼續利用ヲ封印ノ爲メ妨ケラルル物ニハ封印ヲ爲ササルコトヲ得此等ノ物ハ直チニ財産目録ニ載セ管財人之ヲ占有スルコトヲ要ス

債務者ノ商業帳簿ハ即時之ヲ管財人ニ交付シ且其帳簿ノ現狀ハ破産主任官之ヲ認證ス

特ニ高價ナル物ハ即時之ヲ管財人ニ交付シ又ハ一時之ヲ裁判所ニ引取ルコトヲ得

第千六條　破產者ニ對シテ債務ヲ負ヒ又ハ財團ニ屬スル物ヲ占有スル者ハ其支拂又ハ交付ヲ管財人ニノミ爲ス可キコトヲ拂渡差押ノ命令ヲ以テ催告セラレタルモノトス
別除權ヲ行ハント欲スル者ハ其旨ヲ管財人ニ申出ツ可シ若シ管財人ヨリ其物ノ評價ヲ爲サンコトヲ求ムルトキハ之ヲ承諾スルコトヲ要ス
債務者ニ宛テタル電信、書狀其他ノ送達物ハ之ヲ管財人ニ交付ス可シ其管財人ハ開封ノ權ヲ有ス然レトモ其旨趣カ財團ニ關係ナキトキハ管財人ヨリ債務者ニ引渡スコトヲ要ス
破產裁判所ハ此カ爲メ郵便局、電信局其他ノ運送取扱所ニ必要ナル命令ヲ發ス可シ
（一一九）（質疑）　又前號破產者ニ對シ通信面接ハ破產主任官ノ許可ヲ得サル以上ハ如何ナル緊急ノ場合ト雖モ絶体的ニ禁止スヘキヤ又ハ主任官ノ許可ヲ受クル

暇マナキ要急事件ニシテ監守者ニ於テ不都合ナシト認ムルモノハ監守者立會ノ上面接又ハ通信セシメタル後其旨主任官ヘ報告セシムル等應急ノ處分ヲ爲シ得ヘキヤ

（決答）破産者カ外人ト面接若クハ通信スルニハ破産主任官ノ許可ヲ受クルヲ本則トスルト雖モ就中面接ノ如キニ付テハ法文ヲ墨守セス實際臨機ノ處分ヲ爲スコトハ免レサル所ナリ

第千七條 破産主任官ハ破産者及ヒ其家族ニ財團ヨリ給養ノ扶助ヲ與フルコトヲ得

第五章 財團ノ管理及ヒ換價

第千八條 各裁判所管轄區ニハ職務上義務ヲ負フ可キ破産管財人ノ名簿ヲ備置キ破産裁判所ハ各箇ノ場合ニ於テ其名簿中ヨリ管財人ヲ選定ス

（一二〇）（質疑） 甲裁判所ノ管轄地內ニ在ル某會社破産ヲ爲シタルニ依リ甲裁判所ハ乙裁判所ニ對シ乙裁判所ノ管轄地內ニ在ル某會社支店ノ財産保全及ヒ換價財團ノ管理及ヒ換價

ノ處分ヲ囑託シタルトキハ乙裁判所ハ之ニ應シ破產主任官及ヒ管財人ヲ命スルモ差支ナキヤ否ヤ

（決答）　破產事件ニ關スル或行爲ノ囑託ヲ受ケタル裁判所ハ其囑託ヲ受ケタル範圍內ニ在テハ即チ破產裁判所ニ外ナラサレハ決定ヲ以テ破產主任官及ヒ管財人ヲ命スルコトヲ得ヘキモノトス

（一二一）（質疑）　破產管財人ノ品格年齡等ノ標準ハ如何スヘキ

（決答）　破產管財人ヲ指名スルニハ概ヲ左ノ條件ニ注意シ指名スヘキモノトス且其家經ノ整理計算ニ熟達スルコト及ヒ其人品等ニ至テハ裁判所ニテハ深ク搜索モ爲シ得サルモノニ付キ地方官ト協議ヲ遂ケ指名スヘキモノトス

第一　年齡二十五歲以上ナルコト

第二　家計ノ整理シタルコト

第三　計算ニ熟達スルコト

第四　法律上ノ智識アルコト

第五　商業上ノ心得アルコト

又左ニ揭クル事項ニ當ル者ハ破產管財人ニ指名スヘキモノニアラス

甲　重罪ヲ犯シタル者但シ國事犯ニシテ復權シタル者ハ此限ニ在ラス

乙　定役ニ服スヘキ輕罪ヲ犯シタル者
丙　身代限ノ處分ヲ受ケ負債ノ義務ヲ免レサル者
丁　家資分散ノ宣告ヲ受ケ復權セサル者

（一二二）（質疑）　破産管財人選定ニハ執達吏ハ勿論不都合ナルヘケレトモ辯護士ハ如何差支ナキヤ

（決答）　破産管財人ハ辯護士ニテモ差支ナシ

（一二三）（質疑）　破産管財人ハ現ニ商人ナキ村ニモ置クヘキカ若シ置クトキハ二三村合併一人ヲ置クモ差支ナキヤ

（決答）　破産管財人ハ一地方裁判所管内ノ管財人トシテ命セラルヘキモノニシテ其行職地域ヲ一市若クハ一町村ニ制限シ一市若クハ一町村ノ管財人トシテ命セラルヘキモノニアラサルヲ以テ一村毎ニ管財人ヲ置カルヘキモノニアラス然レトモ村落住居ノ者ヲ管財人ニ指定スルハ固ヨリ差支ナキモノトス

第千九條　管財人ノ勤勞ニ對スル報酬ハ財團ヨリ第一ニ之ヲ支拂ヒ其額ハ破産裁判所之ヲ定ム

（一二四）（質疑）　破産管財人ニ對シ報酬以外ニ旅費ヲ支給スヘキコトハ法律規則財團ノ管理及ヒ換價

中明文ナキヲ以テ管財人ニ於テ實際旅費ヲ要スルコトアルモ報酬中ヨリ支辨スヘキモノニシテ別ニ旅費トシテ支給セサルモノナルヤ又ハ商法第千三十三條第一號中其他破產手續上ノ費用中ニ包含スルモノト看做シ其實費ヲ支給スヘキモノナルヤ將タ又報酬以外ニ旅費ヲ支給スヘキモノナリヤ果シテ支給スヘキモノトセハ證人鑑定人ノ旅費規則ヲ準用シ差支ナキヤ

(決答) 管財人ノ旅費日當等ニ關シ法律ニ於テ特ニ其規定ヲ設ケサル所以ノモノハ蓋シ破產管財人ノ旅費日當等ハ破產管財人其報酬中ヨリ支辨スヘキモノト爲シ報酬以外ニ旅費日當等ヲ受クルコトヲ得サルモノト爲シタルニ由レリ故ニ破產管財人ハ報酬ノ外尙ホ旅費日當等ノ支給ヲ受クルコトヲ得サルモノトス

(一二五)(質疑) 前號ノ質疑及ヒ決答ノ場合ニ於テ幸ニ其破產者ノ財團アル際ハ相當ノ報酬ヲ與フルコトヲ得ルニ付キ差支ナシト雖モ若シ其財團ナキ際ハ之ヲ與フルコトヲ得ス斯ル場合ニ旅費日當ヲ與ヘサルニ於テハ管財人ノ迷惑尠カラサルニ付キ證人鑑定人旅費規則ヲ準用シ裁判費中ヨリ之ヲ與ヘ不苦乎

(決答) 破產手續ニ關スル費用ハ職權ヲ以テ破產ヲ宣告シタル場合ヲ除ク外國庫ヨリ之ヲ支辨セス總テ申立人ヨリ費用ノ豫納ヲ爲サシメ其內ヨリ支辨スヘキモノトス若シ破產者ノ財產ヲ以テ費用ヲ償フニ足ラサルトキハ商法第九百八十二

條ニ依リ破産手續ヲ停止スヘキモノナリ依テ破産管財人ノ旅費日當等ハ國庫ヨリ支辨スヘカラサルハ勿論又破産管財人ノ旅費日當等ヲ支辨シ得サル場合ノ如キハ殆ト生セサル可キナリ

(一二六)(質疑) 破産管財人報酬ノ歩合ハ如何ニ定ムヘキモノナリヤ

(決答) 管財人ノ報酬ハ商法第千九條及ヒ商法施行條例第四十三條ニ依リ破産裁判所カ一事件毎ニ破産手續ノ全體ニ付キ又ハ管財人ノ實際收入シタル價格ニ付キ適宜其歩合ヲ定ムヘキモノナルカ故ニ管財人ノ報酬ニ關シテハ一定ノ歩合アルモノニアラサルナリ

(一二七) 破産管財人ノ報酬ニ付キ外國ノ例

○獨逸及ヒ佛蘭西ニ在テハ裁判所ニ於テ確定ス

○荷蘭國ニ於テハ賣却代金及ヒ取立金ニ付テハ百分ノ一其他特別報酬ヲ受クルコトヲ得

○西班牙ニ於テハ取立金ニ付テハ二百分ノ一動産ニ付テハ賣却代金ノ百分ノ二不動産ニ付テハ賣却代金ノ百分ノ一

第千十條 裁判所ハ何時ニテモ管財人ヲ易ヘ又ハ他ノ管財人ヲ加

財團ノ管理及ヒ換價

フルコトヲ得

第千十一條　管財人ハ其行爲ニ付テハ代理人ト同一ノ責任ヲ負フ若シ管財人二人以上アルトキハ共同ニ非サレハ行爲ヲ爲スコトヲ得ス但破産主任官カ或ル行爲ニ付キ各箇ニ特別ノ委任ヲ與ヘタルトキハ此限ニ在ラス

第千十二條　管財人ハ破産宣告後即時ニ財團ヲ占有シ且其管理及ヒ換價ニ著手スルコトヲ要ス

管財人ハ其執務ノ爲メ破産者ノ補助ヲ求ムルコトヲ得破産主任官ハ此カ爲メ破産者ニ報酬ヲ與フルコトヲ得

第千十三條　管財人ハ破産主任官ノ監督ヲ受ケ且其指揮ニ從フ義務アリ若シ管財人ノ行爲又ハ決斷ニ對シテ異議ヲ述フル者アルトキハ破産主任官命令ヲ以テ之ヲ決ス此命令ニ對シテハ破産裁

判所ニ即時抗告ヲ爲スコトヲ得

第千十四條　財產目錄ハ裁判所職員又ハ其地警察官吏ノ立會ヲ以テ管財人之ヲ作リ若シ必要アルトキハ破產者ヲモ立會ハシム

破產者ニ屬スル總テノ財產ハ財團ニ組入ル可カラサルモノト雖モ其價額ヲ明示シテ之ヲ財產目錄ニ記入スルコトヲ要ス必要ナル場合ニ在テハ其價額ハ鑑定人ヲシテ之ヲ鑑定セシム

財產目錄及ヒ之ニ關スル調書ノ認證アル謄本ハ公衆ノ展閱ニ供スル爲メ裁判所ニ之ヲ備フ

檢事ハ其見込ニ因リ職權ヲ以テ財產目錄ノ作成ニ立會フコトヲ得

（一二八）（質疑）　會社破產ノ場合（商法第千十四條第三項）ニ於テ財產目錄ノ謄本ヲ財產目錄ノ調製ニ立會ノ爲メ出張（同條第一項）シタル執達吏カ管財人ノ囑託ニ依リ作成スルモ執

財團ノ管理及ヒ換價

達吏手數料規則第十三條第一及ヒ第十四條ニ據リ立替金トシテ裁判所ヨリ辨濟ヲ受クル限リニアラサルヤ否ヤ

（決答）　財産目錄ハ管財人ノ作ルモノナレハ其謄本モ亦獨リ管財人之ヲ作ルヲ得ヘキモノナルニ付キ設令管財人ノ囑託ニ依リ立會執達吏カ財産目錄ノ謄本ヲ作ルコトアルモ執達吏タル資格ニテ之ヲ作成スルモノト謂フヲ得ス從テ執達吏手數料規則ニ依リ裁判所ヨリ立替金ノ辨濟ヲ受クルコトヲ得サルモノトス

第千十五條　破産者ニ屬セサル財産ヲ財團ヨリ取戻スコトニ係ル爭訟ハ破産裁判所之ヲ裁判シ不動産ニ付テハ其所在地ヲ管轄スル裁判所之ヲ裁判ス

第千十六條　管財人ハ破産主任官ノ定メタル三十日以內ノ期間ニ破産者ヨリ差出シタル届書及ヒ貸借對照表ヲ調査シ若シ破産者ヨリ之ヲ差出サヽリシトキハ自ラ貸借對照表ヲ作リ且其報告書ニ貸借對照表ヲ添ヘテ破産主任官ニ提出ス可シ

報告書及ヒ貸借對照表ノ認證アル謄本ハ公衆ノ展閲ニ供スル爲メ裁判所ニ之ヲ備フ
報告書及ヒ貸借對照表ハ之ヲ檢事ニ送致スルコトヲ要ス
第千十七條　貸方ノ借方ニ超ユルコト判然ナルトキ又ハ協諧契約ノ豫期セラルル間ハ裁判所ハ破產主任官ノ申立ニ因リ且管財人ノ意見ヲ聽キタル後管財人ヲシテ破產者ノ營業ヲ續行セシムル決定ヲ爲スコトヲ得
管財人營業ヲ續行スル場合ニ在テ財團ニ屬スル物ヲ通常ノ營業外ニテ賣却セントスルニハ破產主任官ノ認可ヲ受ケ且豫メ破產者ノ意見ヲ聽クコトヲ要ス
（一二九）　書式　營業續行決定
、、、、、、

破産者　、、、

右ノ者ニ對スル破産事件ニ付當地方裁判所ハ破産主任官判事何某ノ申立ニ因リ管財人何某ノ意見ヲ聽キ之ヲ審査スルニ何某ノ破産ニ付テハ協諧契約豫期セラレ（貸方金何百圓借方金何百圓即チ其貸方ハ借方ニ超過スルコト判然ニシテ）且何々營業ノ續行ヲ必要ト認ムルヲ以テ商法第千十七條ニ依リ決定スルコト左ノ如シ

管財人何某ヲシテ破産者何某ノ何々營業ヲ續行セシム　、、、、、、、、、、、、

年　月　日　、、、、、、、、、

、、、、、、、

第千十八條　不動産ハ破産主任官ノ認可ヲ受ケテ之ヲ競賣スルコトヲ要ス

動産ハ競賣スルヲ通例トスト雖モ破産主任官ノ認可ヲ受クルトキハ相對ヲ以テ之ヲ賣却スルコトヲ得

競賣ノ手續ハ總テ民事訴訟法ノ規定ニ依ル

第千十九條　管財人ハ財團ニ屬スル破産者ノ貸方ヲ取立テ及ヒ破産者ノ權利ヲ債務者其他ノ人ニ對シテ主張シ且保全スルコトヲ要ス

管財人ハ左ニ掲クル行爲ニ付テハ破産者ノ意見ヲ聽キ且破産主任官ノ認可ヲ受ク可シ

第一　訴訟ヲ爲スコト

第二　和解契約又ハ仲裁契約ヲ取結フコト

第三　質物ヲ受戻スコト

第四　債權ヲ轉付スルコト

第五　相續又ハ遺贈ヲ拒絶スルコト

第六　消費借ヲ爲スコト

財團ノ管理及ヒ換價

第七　不動產ヲ買入ルルコト
第八　權利ヲ拋棄スルコト
第九　總テ財團ニ新ナル義務ヲ負ハシムルコト

第千二十條　財團ニ收入スル金錢ハ破產主任官ノ定ム可キ常用支出額ノ外遲延ナク之ヲ供託所ニ寄託スルコトヲ要ス其金錢ハ破產主任官ノ支拂命令ニ依ルニ非サレハ支出スルコトヲ得ス

（一三〇）書式　支拂命令

何某破產管財人
何　某

一金　何　圓　債權者何某ニ辨償
一〃〃〃〃　何々費用
一〃〃〃〃　何々代金
一〃〃〃〃　新聞公告料
合金何百圓

右ハ何某破産財團ノ收入金ヲ以テ之ヲ支拂フヘシ
年　月　日
破産主任官判事　、、、、

第千二十一條　管財人ハ其管財中破産者ニ罰セラル可キ行爲アルヲ知リタルトキハ之ヲ破産主任官ニ届出ツル義務アリ破産主任官其届出ヲ受ケタルトキハ之ヲ檢事ニ通知ス

第千二十二條　破産主任官ハ破産ノ原由、事情、貸方借方並ニ其對照表其他管理及ヒ破産手續ニ關スル事項ニ付キ破産者、其商業使用人、雇人其他ノ人ヲ何時ニテモ訊問スルコトヲ得

第六章　債權者

第一節　債權ノ届出及ヒ確定

第千二十三條　破産者ノ總債權者ハ破産決定ノ公告ニ因リ債權届出ノ期間ニ其債權ヲ破産主任官ニ届出ツ可キ旨ノ催告ヲ受ケタ

ルモノトス其届出ニハ各債權ノ合法ノ原因及ヒ請求金額若シ優先權アルモノハ其權利ヲ明記シ且證據書類又ハ其謄本ヲ添フ可シ

他所ニ住スル債權者ハ裁判所所在地ニ代人ヲ置ク可シ

債權及ヒ代人任置ノ届出ハ書面ヲ以テ又ハ調書ニ筆記セシメテ之ヲ爲スコトヲ得書面ヲ以テスル場合ニ在テハ二通ヲ差出スコトヲ要ス

所在ノ知レタル債權者ハ右ノ外特ニ裁判所ヨリ書面ヲ以テ其債權届出ノ催告ヲ受ク然レトモ其書面カ債權者ニ達セサルモ此カ爲メ損害賠償ノ請求ヲ爲スコトヲ得ス

（一三一）　書式

債權届出催告書

住所身分職業
債權者　何　某

住所身分職業何某ハ明治何年月日當地方裁判所ニ於テ破産宣告ヲ受ケタルニ依リ同人ニ對スル債權ノ原因其金額及ヒ優先權ノ有無等書面ニ詳記シ證據書類若クハ其謄本ヲ添ヘ何年月日マテニ破産主任官判事何某ニ屆出ツヘシ

年　月　日

某地方裁判所民事第何部

裁判長　判事　、、、

判事　、、、

判事　、、、

第千二十四條　屆出ハ之ヲ受取リタルトキ直チニ順次番號ヲ付シテ二箇ノ表ニ記載ス可シ其一ニハ優先權アル債權ヲ掲ケ他ノ一ニハ通常ノ債權ヲ掲ク此債權表ハ公衆ノ展閲ニ供スル爲メ裁判所ニ之ヲ備フ

管財人ハ其使用ノ爲メ屆出書及ヒ債權表ノ謄本ヲ受領ス

第千二十五條　調査會ハ管財人及ヒ成ル可ク破産者ノ面前ニ於テ破産主任官之ヲ開キ且其調書ヲ作ル可シ債權者ハ自身又ハ代理

人ヲ以テ此會ニ參加スルコトヲ得
破產主任官ハ債權者ニ取引帳簿若クハ其拔書ノ提出ヲ命スルコトヲ得調查ノ結果ハ債權表及ヒ提出シタル債務證書ニ附記シ且各債權者又ハ其代理人ニ告知スルコトヲ要ス
調查會ハ屆出期間ノ滿了後十日乃至十五日間ニ之ヲ開クヲ通例トス
屆出期間ノ滿了後ニ屆出テタル債權ハ調查會ニ於テ之ヲ調查スルコトヲ得然レトモ其調查ヲ爲スコトニ付キ異議ノ申立アリタルトキ又ハ調查會ノ終リタル後債權ヲ屆出テタルトキハ其債權者ノ費用ヲ以テ新ナル調查會ヲ開ク
（一三二）（質疑）　商法第千二十五條ニ據ル債權調查會會場ニ付テハ別ニ明文ナシト雖モ破產主任官之ヲ開クヘキ規定ナルニ因リ自然裁判所ヲ以テ會場ニ充ツヘ

キモノナルヘケレトモ元來裁判所屋舍ハ右等多數債權者ノ集會等稀有ノ場合ヲ慮リ豫メ之ニ充用スヘキ宏室ヲ有セサルハ必然ニ付キ他ニ相當ノ家屋ヲ借入レサルヘカラス此場合ニ於テ要スル借家料ハ破産手續上ノ費用ニ外ナラサルヲ以テ商法第千三十二條第一ニ據リ追テ財團ヨリ償還スヘキモノナリヤ否ヤ

（決答）　裁判所カ裁判權ヲ行フヘキ場所即チ其建物ハ國家之ヲ供スヘキモノナルヲ以テ債權調査會ノ如キモ之ヲ裁判所内ニ於テ開會スルハ原則ニシテ偶々廳舍ノ狹隘ナルカ爲メ他ニ場所ヲ借入レテ開會スルモ其費用ハ國庫ノ負擔ニ屬シ之ヲ破産手續上ノ費用トシテ破産財團ヨリ辨濟ヲ受クヘキモノニアラス

（一三三）　書式　　調査會調書

・・・・

破産者　・・・・

右ノ者ニ對スル破産事件ニ付明治年月日東京地方裁判所（某所）ニ於テ破産主任官判事何某ハ破産管財人何某破産者何某ノ面前ニテ（破産者呼出ニ應シ出頭セサルトキハ其旨ヲ記ス）債權調査會ヲ開キ其始末左ノ如シ

債權者何某債權者何某代理何某參加セリ（參加債權者ノ氏名ヲ列記スヘシ）何某ノ債權何圓及ヒ其優先權何々ニ付テハ管財人債權者共異議ナク確定セリ何某ノ

債權ノ屆出及ヒ確定

債權何圓ニ付テハ管財人又ハ債權者何某何々ト異議ノ申立ヲ爲シタリ
何某ノ債權何圓ニ付テハ債權屆出期間滿了后ノ屆出ナルモ異議ナク確定セリ
ヽヽヽヽヽヽヽヽヽヽヽヽヽヽヽヽヽヽヽヽヽヽヽヽヽヽヽヽ
ヽヽヽヽヽヽヽヽヽヽヽヽヽヽヽヽヽヽヽヽヽヽヽヽヽヽヽヽ
ヽヽヽヽヽヽヽヽヽ
以上ノ結果ハ各債權者又ハ其代理人ニ告知シ且債權表及各債權者提出ノ債務證書ニ附記セリ
本調書ハ明治何年何月何日東京地方裁判所（某所）ニ於テ作成シ左ニ署名押印ス

破產主任官判事　ヽヽヽ
書記　ヽヽヽ

第千二十六條　債權ノ確定ハ承認又ハ裁判所ノ判決ヲ以テ之ヲ爲ス
調査會ニ於テ管財人ヨリモ又債權ノ確定シ若クハ貸借對照表ニ揭ケタル債權者ヨリモ異議ヲ申立テサルトキハ債權ハ承認ヲ得

タルモノトス
管財人ノ債權ニ係ル承認又ハ異議ハ破產主任官其管財人ニ代ハリテ之ヲ爲ス
第千二十七條　異議ヲ受ケタル各債權ハ若シ其債權者之ヲ取消サヽルトキハ破產裁判所公廷ニ於テ破產主任官ノ演述ヲ聽キ成ル可ク合併シテ其判決ヲ爲ス可シ其辯論及ヒ判決ハ原告、被告ノ出頭セサルトキト雖モ之ヲ爲ス但此判決ニ對シテハ故障ヲ申立ツルコトヲ得ス
第千二十八條　判決ハ成ル可ク債權者集會前ニ之ヲ爲スコトヲ要ス若シ之ヲ爲スコト能ハス又ハ判決ニ對シテ控訴ヲ爲シタルトキハ裁判所ハ異議ヲ受ケタル債權者ノ右集會ニ加ハルコトヲ許ス可キヤ否ヤ又幾許ノ金額ニ付キ加ハルコトヲ許ス可キヤ否ヤ

ヲ決定ス
債權者ノ優先權ノミカ異議ヲ受ケタルトキハ其債權者ハ通常ノ債權者トシテ右集會ニ加ハルコトヲ得

第千二十九條　債權ヲ正當時期ニ屆出テス又ハ債權ノ確定セサル債權者ハ以後ノ確定ニ因リテ爲ス可キ財團ノ配當ニノミ加ハルコトヲ得然レトモ異議ヲ受ケテ訴訟中ニ在ル債權及ヒ屆出並ニ調査ノ爲メ別段ノ期間ヲ定メラレタル在外國債權者ノ債權ニ付テハ以前ノ配當ニ於テ其債權ニ歸スル割前ヲ留存ス

第二節　特種ノ債權者

第千三十條　主タル債務者ノ破産ニ於テ屆出テタル債權ハ協諧契約ノ場合ト雖モ保證人其他ノ共同義務者ニ對シ其全額ニ付キ之ヲ主張スルコトヲ得又保證人又ハ共同義務者ハ主タル債務者ノ

破産ニ於テ其償還請求ヲ届出ツルコトヲ得然レトモ主タル債務者ノ爲メニスル協諧契約ノ効果ニ從フ

第千三十一條　二人以上ノ共同義務者カ破産シタルトキハ其各義務者ノ破産ニ於テ債權ノ全額ヲ届出ツルコトヲ得各自ノ破管財團ノ間ニ於ケル償還請求權ハ之ヲ主張スルコトヲ得ス然レトモ債權者カ受取ル割前ノ額カ主タルモノ及ヒ從タルモノヲ合セタル債權ノ總額ヲ超過スルトキハ其超過額ハ共同義務者中他ノ共同義務者ニ對シテ償還請求權ヲ有スル者ノ財團ニ歸ス

第千三十二條　左ニ掲クル債權ハ届出及ヒ確定ニ關スル規定ニ從フコトヲ要セス

第一　裁判費用、管理費用其他破産手續上ノ費用

第二　公ノ手數料及ヒ諸税

第三　管財人カ財團ノ爲メニ負擔シタル義務ヨリ生スル債權

右債權ハ破產主任官ノ指圖ニ從ヒ通常ノ方法ヲ以テ財團ノ現額ヨリ之ヲ支拂フ

第千三十三條　破產手續ニ加ハリタルニ因リテ債權者ニ生シタル費用ハ財團ニ對シテ之ヲ請求スルコトヲ得ス

第千三十四條　（削除）

第三節　債權者集會

第千三十五條　債權者集會ハ破產主任官之ヲ招集シ及ヒ之ヲ指揮ス其招集ハ會議ノ事項ヲ明示スル公告ヲ以テ之ヲ爲ス

其集會ハ管財人、債權ノ確定シタル債權者及ヒ第千二十八條ニ依リテ參加スルコトヲ得ヘキ債權者ヨリ成立ス然レトモ優先權

ノ確定シタル債權者ハ其優先權ヲ拋棄シタル限度又ハ優先權ヲ行フニ當リ不足アル可シト推定セラルル限度ニ於テノミ參加ス

債權者ハ代理人ヲ差出スコトヲ得

破産者ハ之ヲ集會ニ呼出スコトヲ得

第千三十六條　決議ハ出席シタル債權者ノ過半數ヲ以テ爲スヲ通例トス其過半數ハ出席員ノ有スル債權額ノ半ヨリ多キ額ニ當ルコトヲ要ス

第千三十七條　集會ニ於テハ破産主任官ハ破産手續ノ從來ノ成行ニ付テノ報告ヲ爲シ管財人ハ管財ノ處理其結果及ヒ財團ノ現況ニ付テノ報告ヲ爲ス

集會ハ右ノ報告ニ付テ決議ヲ爲シ若シ破産主任官又ハ管財人ノ意見アリタルトキハ其意見及ヒ債權者ノ爲シタル中立又ハ破産

主任官ノ認可ヲ受ケテ破産者ノ爲シタル申立ニ付テ決議ヲ爲ス可シ此等ノ決議ハ裁判所ノ認可ヲ受クルコトヲ要ス

第七章　協諧契約

第千三十八條　法律上ノ義務ヲ履行シタル破産者ニシテ有罪破産ノ判決ヲ受ケス又其審問中ニ在ラサル者ハ破産主任官ノ認可ヲ受ケ第一ノ集會ニ於テ債權者ニ協諧契約ヲ提供スルコトヲ得又十分ノ理由アルトキハ以後ノ集會ニ於テモ之ヲ提供スルコトヲ得然レトモ其提供ハ一回ニ限ル

第一ノ集會ハ普通ノ調査會ヨリ四週日後ニ之ヲ爲ス協諧契約ノ申立書ハ少ナクトモ集會ノ二十日前ニ之ヲ裁判所ニ差出シ裁判所ハ之ヲ公衆ノ展閲ニ供シ且其旨ヲ公告ス可シ

（一三四）　書式　協諧契約認可決定

破産者　、、、

右ノ者ニ對スル破産協諧契約事件ニ付當地方裁判所ハ破産主任官判事何某ノ演述ヲ聽キ之ヲ審査スルニ破産財團ニ對スル議決權アル總債權額何千圓債權者集會期日出席ノ債權者何名ニシテ協諧契約ヲ承諾セシ債權者何名其債權額何百圓即チ其承諾ハ出席債權者ノ過半數ニシテ且議決權アル總債權額ノ四分三以上ニ當ルモノナリ而シテ本契約ハ商法第千四十一條ニ規定シアル棄却ノ原因ナキモノト認ムルヲ以テ決定スルコト左ノ如シ

明治年月日債權者集會ニ於テ承諾セシ協諧契約ハ之ヲ認可ス

年　月　日

第千三十九條　協諧契約ヲ承諾スルニハ出席シタル債權者ノ過半數ノ承諾ヲ要ス其過半數ハ議決權アル總債權額ノ四分三以上ニ

當ルコトヲ要ス
管財人及ヒ議決權ヲ有スル債權者又後ニ至リ債權ノ確定シタル債權者ハ協諧契約ニ對シテ十日內ニ理由ヲ附シタル異議ヲ裁判所ニ申立ツルコトヲ得

第千四十條　債權者ノ承諾シタル協諧契約ハ裁判所ノ認可ヲ得テ始メテ法律上有効トス其認可又ハ棄却ニ付テノ決定ハ破產主任官ノ演述ヲ聽キ前條ノ期間滿了後直チニ之ヲ爲ス此決定ニ對シテハ債務者及ヒ異議申立ノ權利アル者ヨリ即時抗告ヲ爲スコトヲ得

第千四十一條　協諧契約ハ左ノ場合ニ於テハ之ヲ棄却ス可シ

　第一　第千三十八條及ヒ第千三十九條ノ規定ヲ踐行セサルトキ

第二　協諧契約ニ依リ或ル債權者カ其承諾ナクシテ偏頗ノ處置ヲ受ケ損害ヲ被フルトキ
第三　協諧契約カ詐欺其他不正ノ方法ヲ以テ成リタルトキ
第四　協諧契約カ公益ニ觸ルルトキ

(一三五)　書式　協諧契約棄却決定

、、、、、、、

破産者　、、、、

右ノ者ニ對スル協諧契約事件ニ付當地方裁判所ハ破産主任官判事何某ノ演述ヲ聽キ之ヲ審査スルニ年月日債權者集會ニ於テ承諾セシ協諧契約ハ何々（第千四十一條一乃至四ニ當リ或ハ何年何月日何某ニ於テ何々ト異議ノ申立ヲ爲シ其異議ハ至當ナル）ニ依リ不適法ノモノト認ムルヲ以テ決定スルコト左ノ如シ
明治年月日債權者集會ニ於テ承諾セシ協諧契約ハ之ヲ棄却ス

、、、、、、、、

年　月　日

、、、、、、

、、、、、

協諧契約

第千四十二條　協諧契約ハ破産者カ後ニ至リ有罪破産ノ判決ヲ受ケタルトキハ當然消滅シ其審問中ハ免訴又ハ無罪ノ宣告ヲ受クルマテ之ヲ停止ス

前條第三號ニ掲ケタル理由アルトキハ協諧契約認可ノ後ト雖モ尙ホ之ニ對シテ異議ヲ申立ツルコトヲ得

第千四十三條　協諧契約ノ確定シタルトキハ管財人ハ直チニ其執務ヲ罷メ且其執務ニ付キ計算ヲ爲ス可シ

破産者ハ協諧契約ニ別段ノ定ナキトキニ限リ任意ノ管理及ヒ處分ノ爲メ其財産ヲ取戻スコトヲ得

協諧契約ノ履行ハ破産主任官ノ監督ヲ以テ之ヲ爲ス

第千四十四條　協諧契約カ棄却セラレ又ハ後ニ至リ消滅シ若クハ

取消サルルトキ又ハ不履行ノ爲メ解除セラルルトキハ破產手續ヲ再施シ直ナニ財團ノ換價及ヒ配當ヲ爲シテ終局ニ至ラシム其再施シタル手續ニハ再施マテノ間ニ債權ヲ得タル者モ參加スルコトヲ得

不履行ノ場合ニ在テハ協諧契約ノ爲メ立テタル保證人ハ其義務ヲ免カレス

第八章　配當

第千四十五條　第千三十二條ニ揭ケタル債權及ヒ優先權アル債權ヲ支拂ヒタル後ニ殘レル財團ハ他ノ債權者間ニ平等ノ割合ヲ以テ之ヲ配當ス

破產者カ資本ヲ分ナ數箇ノ營業ヲ爲シタル場合ニ在テハ各營業ニ對スル債權者ハ其營業ニ屬スル財團ヨリ優先權ヲ以テ辨償ヲ

受ク

（一三六八）（質疑）　貯蓄銀行ノ事業ニ關スル債權者ハ商法第千四十五條第二項ニ依リ貯蓄銀行事業ニ屬スル財團ヨリ優先權ヲ以テ辨償ヲ受クルコトヲ得ヘキヤ

（決答）　商法第千四十五條第二項ハ商法第二十三條ニ依リ各別ニ商號ヲ用井資本ヲ分チテ營業ヲ爲ス場合ナリト解釋スヘキナリ然ルニ第二十三條ハ一部施行ノ部分ニ屬セサルニ依リ商法第千四十五條第二項ニ基キ貯蓄銀行ノ營業ニ關スル債權者ハ貯蓄銀行ノ資本ニ對シ優先權ヲ有セス

第千四十六條　配當ハ普通ノ調査會ノ終リタル後ハ配當ニ足ル可キ財團ノ生スル每ニ管財人ノ調製シテ破產主任官ノ認可ヲ受ケタル配當案ニ依リテ之ヲ爲ス其案ハ破產主任官之ニ署名シ公衆ノ展閱ニ供スル爲メ裁判所ニ備置キ且其旨ヲ公告ス可シ
配當案ニ對スル異議ハ其公告ノ日ヨリ起算シ十四日內ニ之ヲ裁判所ニ申立ツルコトヲ得

第千四十七條　前條ニ揭ケタル期間ニ配當案ニ對シテ異議ヲ申立

ツル者ナキトキ又ハ異議ノ落著シタルトキハ管財人ハ各債權者ヲシテ其債務證書ヲ提出セシメ之ニ每回ノ支拂額ヲ記入シテ支拂ヲ爲ス若シ債務證書ノ提出ヲ爲スコト能ハサルトキハ破產主任官ノ許可ヲ得テ債權表ニ依リ支拂ヲ爲スコトヲ得孰レノ場合ニ於テモ債權者ハ配當案ニ受取書ヲ記スルコトヲ要ス

第千四十八條　財團ノ換價及ヒ配當ヲ全ク終リタルトキハ債權者集會ヲ開キ此集會ニ於テ管財人ハ終局ノ計算ヲ爲ス可シ此計算ノ濟了シタルトキハ裁判所ハ直チニ破產主任官ノ申立ニ因リテ破產手續ノ終結ヲ決定ス此決定ハ之ヲ公告ス可シ

（一三七）書式

破產手續終結決定

、、、、、、、

破產者　、、、、、

右ノ者ニ對スル破產事件ニ付當地方裁判所ハ破產主任官判事何某ノ申立ニ因リ

配　當

之ヲ審査スルニ年月日債權者集會ニ於テ管財人何某ハ本件破產終局計算ヲ爲シ總テ其淸算完了セシモノト認ムルヲ以テ商法第千四十八條ニ依リ決定スルコト左ノ如シ

何某ノ破產手續ハ之ヲ終結ス

年　月　日

第千四十九條　破產手續終結ノ後ハ辨償ヲ受ケサル債權者ハ破產手續ニ於テ確定シタルニ因リテ得タル權利名義ニ基キ其債權ヲ債務者ニ對シテ無限ニ行フコトヲ得

（一三八）（質疑）　商法第千四十九條ニ依リ無限ニ行フコトヲ得ル債權ハ別ニ訴訟ヲ起サスシテ直チニ强制執行ヲ求ムルコトヲ得ルヤ否ニ付キ左ノ二說アリ何レヲ適當トスヘキヤ

甲說　訴訟ヲ起サスシテ直チニ强制執行ヲ求ムルコトヲ得

債權調查會ニ於テ承認セラレ又ハ裁判所ノ判決ヲ以テ既ニ確定シタル債權ナレハ債務者ハ最早異議ヲ稱フルコトヲ得ヘカラス其確定ノ効力ニ依リ別ニ訴訟ヲ起スコトヲ要セス直チニ强制執行ヲ求ムルコトヲ得ヘシ

乙說　通常ノ手續ニ從ヒ更ニ裁判ヲ受ケサルヘカラス破産處分已ニ終結後ニ在テハ其確定シタル貸金若クハ損害賠償等ノ名義ヲ以テ通常ノ手續ニ從ヒ更ニ相當ノ裁判ヲ受ケ以テ其義務ノ有無ヲ決セサルヘカラス

(決答)　甲說ノ通訴訟ヲ起サスシテ直チニ强制執行ヲ求ムルコトヲ得ヘキモノトス

第九章　有罪破産

第千五十條　破産宣告ヲ受ケタル債務者カ支拂停止又ハ破産宣告ノ前後ヲ問ハス履行スル意ナキ義務又ハ履行スル能ハサルコトヲ知リタル義務ヲ負擔シタルトキ又ハ債權者ニ損害ヲ被フラシムル意思ヲ以テ貸方財産ノ全部若クハ一分ヲ藏匿シ轉匿シ若クハ脫漏シ又ハ借方現額ヲ過度ニ揭ケ又ハ商業帳簿ヲ毀滅シ藏匿

シ若クハ僞造、變造シタルトキハ詐欺破産ノ刑ニ處ス

第千五十一條　破産宣告ヲ受ケタル債務者カ支拂停止又ハ破産宣告ノ前後ヲ問ハス左ニ掲ケタル行爲ヲ爲シタルトキハ過怠破産ノ刑ニ處ス

第一　一身又ハ一家ノ過分ナル費用、博奕、空取引又ハ不相應ノ射利ニ因リテ貸方財産ヲ甚シク減少シ若クハ過分ノ債務ヲ負ヒタルトキ

第二　支拂停止ヲ延ハサンカ爲メ損失ヲ生スル取引ヲ爲シテ支拂資料ヲ調ヘタルトキ

第三　支拂停止ヲ爲シタル後支拂又ハ擔保ヲ爲シテ或ル債權者ニ利ヲ與ヘ財團ニ損害ヲ加ヘタルトキ

第四　商業帳簿ヲ秩序ナク記載シ藏匿シ毀滅シ又ハ全ク記載

セサルトキ

第五　破産者カ第三十二條、第九百七十九條又ハ第千三條第三項ニ規定シタル義務ヲ履行セサルトキ

(一三九)(質疑)　商法第九百七十九條ニ曰ク支拂停止ハ其停止ヲ爲シタル本人又ハ商事會社ニ在テハ業務擔當ノ任アル社員等ヨリ支拂停止ノ日ヲ算入シテ五日內ニ其地ノ裁判所ニ書面又ハ口述ヲ調書ニ筆記セシメテ之ヲ屆出ツヘシ此屆出ニハ支拂停止ノ事由ヲ明示シ及ヒ貸借對照表幷ニ商業帳簿ヲ添フルコトヲ要ストアリ而シテ同法第千五十一條ニハ破產宣告ヲ受ケタル債務者支拂停止又ハ破產宣告ノ前後ヲ問ハス左ニ揭クル行爲ヲ爲シタルトキハ過怠破產ノ刑ニ處スト揭ケ其第五項ニ破產者カ第三十二條第九百七十九條又ハ第千三條第二項ニ規定シタル義務ヲ履行セサルトキトアリ故ニ支拂停止ヨリ五日ノ後ニ至リ其屆出ヲ爲シタルトキハ其意思ノ如何ヲ問ハス又其事由ノ有無ニ拘ハラス直チニ有罪破產ト確認シ檢事ハ起訴ノ手續ヲ爲スヘキ歟

實際破產ノ場合ニ於テ現ニ支拂ヲ停止シタル後ニ之ヲ債權者中ノ一部破產者ノ業務回復方法ヲ協議シ以テ破產宣告ヲ受ケサラシメント思量シ破產者ニ對

シテ停止届ヲ爲スノ期ヲ遲延セシメ各債主百方熟議スルモ遂ニ良果ヲ得スシテ止ムヲ得ス其事情ヲ具シテ屆出ル者アリ裁判所ハ之ニ依テ破産宣告ヲ爲シタルモ尙ホ各債權者ハ集會協議ノ末年賦其他ノ方法ヲ承諾シテ協諧契約ヲ提供セント破産主任官ヘ認可ヲ求ムル者アリ此場合ニ於テ檢事既ニ有罪破産トシ之ヲ起訴スルニ於テハ同第千三十八條ニ依リ破産主任官ハ認可ヲ爲スコトヲ得ス依テ遂ニ協諧契約ノ道全ク杜絕スルニ至ラン然ルニ斯ク債權者ニ於テ和解ノ望ミアルニモ拘ハラス單ニ五日ノ期限ヲ經盡シタルノミヲ以テ直チニ有罪破産ノ公訴ヲ提起スルハ却テ債權者ノ希望ニ反シ利益ヲ失ハシムルニ相當セリ若シ五日內屆出ノ規定ハ其事由ナクシテ屆出ヲ怠リタルモノニ限リ罪ヲ構成スルモノト解釋スルコトヲ得ルニ於テハ實際上宜シキニ適センカ

（決答）　按スルニ商取引ヲ爲シテ支拂ヲ停止スルニ至リシ者ハ商法第九百七十九條ニ從ヒ支拂ヲ停止シタル日ヨリ五日內ニ其旨ヲ裁判所ニ屆出ツルノ義務アリ若シ此五日ノ期間內ニ右ノ屆出ヲ爲サヽル場合ニハ商法第千五十一條第五號ニ依リ過怠破産ノ刑ニ處セラル可キモノトス抑過怠破産ナルモノハ過失怠慢ノアルノミニ因リテ其罪ヲ構成スルヲ以テ苟モ五日ノ期間內ニ支拂停止ノ屆出ヲ爲サスシテ法律ノ命スル所ノ義務ヲ盡サヽルノ事實アルトキハ乃チ過怠破産ノ罪

ヲ構成スルハ固ヨリ論スルヲ竢タサル所ニシテ又法定ノ期間內ニ右ノ屆出ヲ爲サヽリシハ一部ノ債權者カ破產者ノ業務回復方法ヲ協議セシ等ノ如キ事由ノ存スルト否トヲ問フヘキニ非サルナリ若シ支拂猶豫ノ申立ヲ爲シ得ヘキ要件具備スル場合ニ於テ債權者カ債務者ヲシテ破產ノ宣告ヲ受ケサラシメント欲セハ商法第千五十九條以下ノ規定ニ依リ債務者ヲシテ支拂猶豫ノ申立ヲ爲サシメ以テ破產ノ宣告ヲ受ケサラシムルコトヲ得ヘキナリ

第千五十二條　前二條ノ罰則ハ會社ノ業務擔當ノ任アル社員若クハ取締役及ヒ淸算人ニモ之ヲ適用シ又第千五十條ノ罰則ハ破產管財人及ヒ有罪行爲ヲ行フ際犯者ヲ助ケ又ハ有罪行爲ヲ破產者ノ利益ノ爲メニ行ヒタル者ニモ之ヲ適用ス

第千五十三條　債權者集會ニ於ケル議決ニ關シ債權者ニ賄賂ヲ爲シタルトキハ其雙方ヲ二年以下ノ重禁錮又ハ千圓以下ノ罰金ニ處ス

第十章　破産ヨリ生スル身上ノ結果

第千五十四條　破産宣告ヲ受ケタル債務者又ハ破産シタル會社ノ無限責任社員ハ復權ヲ得ルニ至ルマテハ取引所ニ立入ルコト仲立人ト爲リ合名會社若クハ合資會社ノ社員ト爲リ又ハ株式會社ノ取締役ト爲ルコト清算人、破産管財人若クハ商事代人ノ職ヲ執ルコト商業會議所ノ會員ト爲ルコト其他商業上ノ榮譽職ニ就クコトヲ得ス

第千五十五條　復權ヲ得ルニハ協諧契約ノ調ヒタルト否トヲ問ハス破産者カ元債、利息及ヒ費用ノ全額ヲ債權者總員ニ辨償シタルコト又所在ノ知レサル爲メ未タ辨償ヲ受ケサル債權者ニ全額ヲ辨償スル準備及ヒ資力アルコトヲ證明ス可シ

復權ノ申立ニハ債權者ノ受取證其他必要ナル證據物ヲ添フ可シ

然レトモ協諧契約ノ場合ニ在テハ第一項ノ證明ヲ爲スコト無クシテ取引所ニ立入ルコトヲ得又會社ニ付キ協諧契約ノ調ヒタルトキハ無限責任社員ハ亦其證明ヲ要セスシテ會社ヲ繼續スルコトヲ得

第千五十六條　復權ノ申立アリタルトキハ破產裁判所ハ異議アル者ヲシテ二个月ノ期間ニ異議ヲ起サシメンカ爲メ裁判所ノ揭示場ト取引所トニ其旨ヲ揭示シ且裁判所ノ見込ニ因リ新聞紙ヲ以テ之ヲ公告シ又調査及ヒ搜査ヲ爲サシメンカ爲メ之ヲ檢事ニ通知ス可シ

裁判所ハ檢事ノ意見ヲ聽キタル後復權ノ申立ヲ許可スルト否トヲ決定ス此決定ニ對シテハ即時抗告ヲ爲スコトヲ得確定シタル決定ハ之ヲ公告ス

破產ヨリ生スル身上ノ結果

棄却セラレタル申立ハ一个年ノ滿了前ニハ再ヒ之ヲ爲スコトヲ得ス

（一四〇）書式　　復權許可決定

破產者　、、、、、、、

右復權申立ニ付當地方裁判所ハ檢事何某ノ意見ヲ聽キ之ヲ審査スルニ何某ハ年月日破產宣告ヲ受ケタル所其后各債權者ニ對シ元利金及ヒ費用共悉皆辨償（住所不明ノ債權者ニハ辨償ノ準備ヲ爲シ或ハ辨償ノ資力アリ）シタルコトハ申立人提出ノ何々ニ依リ明ナルヲ以テ決定スルコト左ノ如シ

何某ノ復權申立ハ之ヲ許可ス

年　月　日　　、、、、、、、、、

第千五十七條　復權ハ債務者ノ死亡後ト雖モ之ヲ許ス

第千五十八條　復權ハ詐欺破産ノ爲メニ判決ヲ受ケタル破産者又ハ重罪、輕罪ノ爲メニ剝奪公權若クハ停止公權ヲ受ケテ其時間中ニ在ル破産者ニハ之ヲ許サス
過怠破産ノ場合ニ在テハ復權ハ刑ノ滿期ト爲リ又ハ恩赦ヲ得タル後ニ非サレハ之ヲ許サス

第十一章　支拂猶豫

第千五十九條　商ヲ爲スニ當リ自己ノ過失ナクシテ一時其支拂ヲ中止セサルコトヲ得サルニ至リタル者ハ商事上ノ債權者ノ過半數ノ承諾ヲ得テ其營業所若クハ住所ノ裁判所ヨリ右債權者ニ對スル義務ニ付キ一个年以內ノ支拂猶豫ヲ受クルコトヲ得
第千六十條　支拂猶豫ノ申立ニハ左ノ諸件ヲ添附スルコトヲ要ス
第一　支拂中止ノ事由ノ完全ナル明示

第二　貸借對照表財産目録及ヒ住所ト債權額トヲ明示シタル債權者名簿
第三　債權者ニ主タルモノノ及ヒ從タルモノノ完全ナル辨償ヲ爲シ得ル方法、期間及ヒ此カ爲メ供スルコトヲ得ル擔保ノ證明
右申立及ヒ添附書類ハ公衆ノ展閲ニ供スル爲メ之ヲ裁判所ニ備置キ且債權者ノ集會期日ヲ定メテ之ト共ニ其備置キタル旨ヲ公告スルコトヲ要ス債權者ハ集會ノ爲メ各別ニ招集ヲ受ク
支拂猶豫ハ裁判所ヨリ假ニ之ヲ許可スルコトヲ得
（一四一）書式　　支拂猶豫許可決定

債務者　ヽヽヽヽ
ヽヽヽヽヽ

右ノ者ニ對スル支拂猶豫契約事件ニ付當地方裁判所ハ主任判事何某ノ演述ヲ聽

キ之ヲ審査スルニ債務者ヨリ申立タル支拂猶豫ニ對シ年月日債權者集會ニ於テ出席ノ債權者何名其債權額何圓ニシテ支拂猶豫ヲ承諾セシ債權者何名其債權額何圓即チ其承諾ハ出席債權者ノ過半數ニシテ且其債權額ノ半額以上ニ當リ而シテ其猶豫契約ハ總テ適法ト認ムルヲ以テ商法第千六十二條ニ依リ決定スルコト左ノ如シ

明治年月日債權者集會ニ於テ承諾セシ支拂猶豫契約ヲ認可ス

年　月　日

第千六十一條　集會期日ニ於テハ裁判所ヨリ任セラレタル主任判事ノ上席ヲ以テ債務者ト債權者トノ間ニ支拂猶豫ノ申立ニ付キ辯論ヲ爲ス其中立ヲ承諾スルニハ第千三十六條ニ掲ケタル過半數ヲ要ス其辯論及ヒ議決ニ付テハ調書ヲ作ル可シ

第千六十二條　裁判所ハ承諾ヲ得タル支拂猶豫ノ認否ニ付キ主任判事ノ演述ヲ聽キテ決定ヲ爲ス此決定ニ對シテハ即時抗告ヲ爲スコトヲ得

支拂猶豫ハ申立ニ因リテ前數條ノ手續ニ從ヒ一回ニ限リ之ヲ延長スルコトヲ得然レトモ其期間ハ一个年ヲ起ユルコトヲ得ス

第千六十三條　債務者有効ナル支拂猶豫ヲ得タルトキハ猶豫期間中其以前ニ取結ヒタル商取引ヨリ生スル債權ノ爲メニ强制執行及ヒ破產宣告ヲ受クルコト無シ但猶豫契約ノ履行及ヒ業務ノ施行ニ關シテハ主任判事ノ監督ヲ受ク

債務者ノ保證人及ヒ共同義務者ノ義務ハ右猶豫ノ爲メニ變更スルコト無シ

第千六十四條　支拂猶豫ノ承諾ヲ得ス若クハ裁判所之ヲ棄却シタ

ルトキ又ハ後日ニ至リ債務者ノ詐欺若クハ不正ノ爲メ若クハ法律上ノ條件ノ缺クルカ爲メ之ヲ廢止シタルトキ又ハ債務者ニ於テ其猶豫契約ヲ履行セサルトキ又ハ其猶豫期間中債務者ノ財産ニ付キ他ノ債權者ヨリ强制執行ヲ爲ストキハ直チニ債務者ニ對シテ破産手續ヲ開始ス此場合ニ於テハ支拂猶豫申立ノ日附ヲ以テ支拂停止ノ日ト定ム

（一四二）（質疑）　商法第千六十四條破産手續開始ノ場合ニ於テハ破産ノ宣告ヲ爲スヘキモノナルヤ左ノ甲乙説アリ何レヲ可トスヘキヤ

甲說　破産宣告ヲ爲スヘキモノナリ

破産ノ宣告ヲ爲サヽレハ商法第千五十四條以下ノ權利行爲ノ制限其他法律ニ於テ公權又ハ私權ニ係リ能力減殺ノ効ヲ生セサルナリ

乙說　破産ノ宣告ヲ爲スヲ要セサルナリ

商法第千六十四條ニ特ニ（直チニ）ノ文字アルハ破産ノ宣告ヲ爲サヽル旨ヲ示シタルモノニシテ支拂猶豫ノ申立及ヒ其公告ヲ以テ之ニ換ヘタルモノナリ

破產處分後ノ登記及ヒ市村町長等ヘ通知手續

一破產ヲ宣告シタルトキ又ハ破產決定ヲ取消シタル抗告裁判所ノ決定カ確定シタルトキ又ハ破產者ノ財產ヲ以テ破產手續ノ費用ヲ償フニ足ラサル爲メ破產手續ヲ停止シ若クハ其費用ヲ償フニ足ル破產者ノ財產アルコトノ證明アリシ爲メ破產手續ヲ再施シタルトキ又ハ協諧契約カ確定シ消滅シ取消サレ若クハ解除セラレタルトキ又ハ財團ノ換價及ヒ配當ノ全ク終リタル爲メ破產手續ヲ終結シタルトキハ破產裁判所ヨリ其都度破產者所有ノ地所建物又ハ船舶ヲ管轄スル區裁判所又ハ登記所ニ其旨ヲ通知シ區裁判所又ハ登記所ニ於テハ右ノ通知ヲ受ケタルトキ登記簿丙區欄內ニ其要旨ヲ記入スヘキモノトス

一家資分產若クハ破產ノ決定確定シタルトキ又ハ復權許可ノ決定確定シタルトキハ其都度裁判所ヨリ家資分產者若クハ破產者ノ本籍市區町村長ニ其旨ヲ通知ス可キモノトス

一會社ニ對スル破產ノ宣告確定シタルトキ會社ヨリ提供シタル協諧契約ノ確定シタル時又ハ協諧契約カ消滅シ取消サレ若クハ解除セラレタルトキハ破產裁判所ヨリ其會社ノ登記ヲ爲シタル區裁判所（又ハ出張所）ニ其旨ヲ通知シ區裁

（決答）　甲說ヲ可トス

判所（又ハ出張所）ニ於テハ之ヲ登記簿ニ登記ス可キモノトス但此場合ニ於テハ登記ハ之ヲ公告スルモノニアラス

○商法施行條例

朕商法施行條例ヲ裁可シ茲ニ之ヲ公布セシム此法律ハ明治二十四年一月一日ヨリ施行スヘキコトヲ命ス

御名　御璽

明治二十三年八月七日

内閣總理大臣　伯爵山縣有朋

司法大臣　伯爵山田顯義

法律第五十九號

商法施行條例

第一條　商法第二十六條、第二十九條及ヒ第二百十條ニ定メタル一地域トハ各市町村ノ一區域ヲ謂ヒ市町村制ヲ行ハサル地方ニ

在テハ從來ノ宿驛町村等ノ一區域ヲ謂フ

一地域內ニ二箇以上ノ區裁判所アルトキハ其內一箇所ヲ以テ登記簿ヲ取扱フ所トス其裁判所ハ司法大臣之ヲ指定ス

（一四三）（質疑）某市ハ一市內ニ甲區裁判所ト甲區裁判所乙出張所ト二ケノ登記所アルヲ以テ其內ノ一即チ甲區裁判所ニ於テ商業登記ヲ爲スヘシトノ告示セラルヘキモノナルヤ右ハ商法施行條例第一條第二項二ケ以上ノ區裁判所アルトキハ云々トノ規定ニハ聊カ允當ヲ欽クノ嫌ナシトセサルモ出張所モ登記ヲ爲スヘキ區裁判所ノ一ト見ルトキハ其內ノ一ニ定ムルトノ公示ナキニ於テハ兩所トモニ登記ヲ取扱ハサルヘカラサルニ至ルヲ以テ其告示アルヘキヤ

（決答）　商法施行條例第一條第二項ニ依リ二個以上ノ區裁判所ノ設置アレハ其內ノ一ニシテ登記ノ取扱ヲ爲ス告示ノ必要アルモ本問乙出張所ノ如キハ甲區裁判所ノ出張所ニシテ即チ甲區裁判所ノ一部ナリ二個以上ノ區裁判所アル場合ニアラサレハ其一ヲ指定セラルヘキモノニアラス故ニ如此場合ニ於テハ兩所ニテ商業登記ノ事務ヲ取扱ハシムルモ差支ナキナリ

第二條　會社ニ非スシテ商業ヲ營ム者ハ其商號ニ會社ノ文字ヲ用

ユルコトヲ得ス又從來之ヲ用ユル者ハ商法實施ノ日ヨリ三个月內ニ之ヲ改ム可シ
前項ノ規定ニ違フ者ハ地方裁判所ノ命令ヲ以テ二十圓以下ノ過料ニ處ス
(一四四)(質疑) 茲ニ十有餘年一ノ組合ニテ捕鯨事務ヲ營ム者アリ(捕鯨ハ每年十二月ヨリ翌年四月迄ノ季節間ノミ從事シ一定ノ常業ニアラス)然ルニ同組合ハ從前ヨリ捕鯨會社ト唱ヘ來レルニ付キテ組合契約整理ニ付キ舊稱號ヲ續用スルトキハ唱呼上ノ便宜ノミナラス自カラ信用上ノ關係モ有之依テ組合稱號ハ依然捕鯨社ノ文字ヲ續用セントスルトキハ會社ノ二字ヲ連用スルニアラスシテ舊慣ニ依リ組合ノ稱號トシテ捕鯨社ノ文字ヲ續用スルハ商法施行條例第二條ニ牴觸セサルヤ
(決答) 會社ニ非スシテ商號ニ會社ノ文字ヲ用フルコトハ商法施行條例第二條ニ於テ禁スル所ナレトモ單ニ何社若クハ何會ト云フカ如キ社又ハ會ノ一字ヲ附スル義ハ差支ナキモノトス
(一四五)(質疑) 會社法實施ノ後ハ會社代表者ノ名稱モ合名會社ニ在テハ社員又

ハ業務擔當社員合資會社ニ在テハ業務擔當社員又株式會社ニ在テハ取締役又ハ專務取締役ト唱ヘ其他ノ名稱ハ契約者ノ名稱トシテ公正證書ニ之ヲ用ユヘキモノニアラサルヘシ然ルニ間々商法施行條例第十條第二項ニ於テ定欵認可ノ期限ヲ與ヘラレタルヲ以テ其認可期間ハ既設會社ノ現行定欵有効ニシテ隨テ社名及ヒ代表者ノ名稱モ亦現行定欵ノ規定ニ從フヘキモノナリトノ反對論アルノミナラス今日設立スル新會社ニシテ尙ホ社長頭取等ノ名稱ヲ用井ル者續々アリ且殊ニ一已人ニ於テ經營スル私立銀行ニシテ何々銀行頭取云々ノ名稱ヲ冐ス者モアリ此等ノ場合社長又ハ頭取ノ名稱ヲ用フルハ差支ナキモノナリヤ

（決答）　株式會社ニ付テハ商法施行條例第十條ニ定欵認可願ノ期限ヲ規定シアレハ其認可ヲ與ヘラレサル間ハ會社及ヒ其代表者ノ名稱ニ關シテハ從來ノ定欵ニ依ルハ當然ノコトナルヘシ又一已人ニ於テ經營スル私立銀行ニ付テハ商法施行條例第二條ニ依リ會社ノ名ヲ附スヘカラサルコトハ明文アレトモ何銀行ト云ヒ頭取ト稱スルモ差支ナキモノトス

第三條　商法第百五十九條、第百六十六條、第百六十八條ノ規定ニ依リテ官廳ニ差出ス書類ハ公證人ノ認證ヲ受ケタル謄本ヲ以テ

スルコトヲ得

公證人謄本認證ノ依賴ヲ受ケタルトキハ一件ニ付キ金拾錢ノ手數料若シ認證ト共ニ謄寫ノ依賴ヲ受ケタルトキハ公證人規則第六十五條ノ謄本手數料ヲ受クルコトヲ得

(一四六)(質疑) 商法施行條例第三條ニ商法第百五十九條第百六十六條第百六十八條ニ依リテ官廳ニ差出ス書類ハ公證人ノ認證ヲ受ケタル謄本ヲ以テスルコトヲ得トアリ右ハ會社カ私署證書ノ設立ニ係ル場合ヲ規定セラレタルモノナルヘシ右等ノ場合公證人ニ於テ認證ヲ爲スニハ依賴者ヲシテ別ニ本書ト相違ナキ旨ヲ認メ署名捺印シタル謄本一通ヲ差出サシメ而シテ公證人ニ於テ其謄本ト認證シタル謄本トニ割印シ依賴者ノ署名シタル謄本ハ日後認證ヲ與ヘタル證左トシテ役場ニ保存シ且ツ其認證シタル旨ヲ見出帳ニ記入シ置クヘキモノナリヤ

(決答) 公證人ニ於テ認證ヲ爲スニハ謄本二通ヲ差出サシムルヲ要セス依賴者ヨリ差出シタル謄本ヲ原書ト照査シ之ニ認證シ而シテ其旨見出帳ニ記入シ置クヘキモノトス

第四條　（削除）

第五條　商法實施前ヨリ既ニ設立シタル各會社ハ商法實施ノ日ヨリ六个月內ニ商法第七十八條、第百三十八條、第百六十八條ニ準シテ登記ヲ受ク可シ之ヲ怠リタルトキハ商法第二百五十六條ノ過料ニ處シ且地方裁判所ノ命令ヲ以テ其營業ヲ差止ム但其命令ニ對シテハ即時抗告ヲ爲スコトヲ得

第六條　前條ノ期限內ニ登記ヲ受ケサル既設會社ハ其期限經過ノ時ヨリ第三者ニ對シテ會社タル効ヲ失フ

第七條　商法第八十一條ノ規定ハ既設會社ニ之ヲ適用セス

第八條　既設會社ハ從來ノ社名ヲ續用スルコトヲ得但商法第百十三條及ヒ第百三十九條第二項ノ規定ハ商法實施ノ日ヨリ三个月ノ後既設會社ノ社名ニモ之ヲ適用ス

既設會社ノ社名ニハ其會社ノ種類ニ從ヒ合名會社合資會社又ハ株式會社ノ文字ヲ附ス可シ但特ニ法律ヲ以テ定メタル株式會社ハ附記スルヲ要セス

第十條　既設株式會社ハ商法第百五十六條ノ免許ヲ受クルコトヲ要セス

既設株式會社ハ商法實施ノ日ヨリ六个月内ニ地方長官ヲ經由シテ定款ヲ主務省ニ差出シ其定款ノ認可ヲ受ク可シ但其定款ニ法律命令ニ反スル事ヲ揭ケタルモノハ之ヲ改正スルニ非サレハ認可スルノ限ニ在ラス

從來官許ヲ得テ設立シタル株式會社ニハ前項ノ規定ヲ適用セス但聞置又ハ人民ノ相對ニ任ス等ノ指令ヲ得テ設立シタルモノハ此限ニ在ラス

本條第二項ニ依リ認可ヲ受ク可キ株式會社ニ在テハ第五條ノ登記期限ハ其認可ヲ得タル日ヨリ起算ス

右ノ認可ヲ得タル日ヨリ六个月内ニ登記ヲ受ケサルトキハ其認可ハ効力ヲ失フ

(一四七)(質疑)　商法施行條例第十條第三項ニ從來官許ヲ得テ設立シタル株式會社ニハ前項ノ規定ヲ適用セス云々トアリ抑モ本項ノ精神ヲ案スルニ官許ヲ得タル定欵ナレハ例ヘ商法ノ規定ニ反シアルモ同法第六十七條ニ觸レサル限リハ既得權ヲ有スルカ故ニ其定欵ヲ以テ直チニ登記ヲ請フコトヲ得ヘキカ如シ然レトモ施行條例第十一條乃至第十九條商法第百五十七條第三項等彼是參照翫味スルトキハ既ニ官許ヲ得タル定欵ト雖モ登記ヲ經テ商法ノ支配ヲ受ケント欲セハ當然同法ノ規定ニ抵觸セサルコトヲ要スルモノノ如シ若シ否ラストセハ其會社現存中ハ假令幾年ヲ經過スルモ不備ナル定款ヲ固守シ遂ニ完全セル商法ノ規定ニ依ラシメサルノ結果ヲ見ルニ至ルヘシ因テ施行條例第十條第二項三項ヲ解釋スルニハ其二項ハ既設株式會社ハ從來ノ定欵ヲ商法ノ規定ニ觸レサル樣改正シテ認可ヲ受クルヲ要シ又其三項ハ從來官許ヲ受ケタル既設會社ハ更ニ定欵ノ認可

ヲ受クルヲ要セス若シ商法ノ規定ニ抵觸ノ廉アレハ會社自己ニ之ヲ改正シ商法第二百五條登記後商法第二百十一條ニ依リ只其屆出ヲ爲スニ止ムルモノト爲スヘキ乎

（決答）　商法施行條例第十條第二項ハ商法實施前官許ヲ得スシテ設立シタル株式會社ハ必ス定款ノ認可ヲ要シ第三項官許ヲ得テ設立シタル株式會社ハ更ニ定款認可ノ手續ヲ爲スヲ要セス何レノ場合ニ於テモ其定款ハ商法第百五十七條ニ依リ商法ノ規定ニ反スルコトヲ得サルハ勿論ニシテ若シ之ニ反スルトキハ無効其他法律ニ定ムル所ノ制裁ヲ受ク可シ又登記ヲ受クヘキ事項ニ付テハ登記官吏ハ明治二十三年司法省令第八號第七條ニ依リ改正ヲ爲サシメ又ハ登記ヲ拒ムコトヲ得ヘキモノトス

（一四八）（質疑）　商法施行條例第十條第二項ニ規定シタル定款認可ニ關スル六ケ月ノ期間ハ認可ヲ受クヘキ期限ヲ定メタルモノナリヤ又ハ右期限内ニ認可申請書ヲ主務省ニ差出スヘキ期限ヲ定メタルモノナリヤ

（決答）　商法施行條例第十條第二項ハ會社ヨリ認可ヲ受クル爲メ其定款ヲ主務省ヘ差出スヘキ期間ヲ定メタルモノニシテ主務省ニ於テ定款ヲ調査スヘキ期間ニ付テハ別ニ規定ナク又登記ハ定款ノ認可ヲ得タルヨリ起算シテ六ケ月内ニ受クヘキモノトス

(一四九)(質疑)（商法施行條例第十條第四項第五項ニ認可書ヲ得タル日トアルハ認可書ノ日付ニアラスシテ認可書ヲ會社ニ於テ受取リタル日ナリヤ否ヤ

(決答)　商法施行條例第十條第四項及ヒ第五項ニ認可ヲ得タル日トアルハ主務省ニ於テ認可ヲ與ヘタル日ト解釋スルヲ穩當トス書面ノ送達ヲ竢ツテ始メテ期間ヲ起算スヘシト云フカ如キ特別規定ハ法律ノ明文ヲ要スルモノナルヲ以テナリ且ツ本條ノ期間ハ六ケ月ノ長キニ渉ルモノナレハ事實認可アリタルコトヲ知ラサルトキヨリ期間ヲ起算スルモ酷ニ失スルノ嫌ナカルヘシ

第十一條　既設株式會社ハ其株劵ノ金額商法第百七十五條ノ規定ニ反スルモ其定欵ノ定ニ依ルコトヲ得

第十二條　既設株式會社ハ其定欵ニ於テ第一回ノ株金拂込ヲ四分一以下ニ定メタルトキハ商法第百六十七條第二項ノ規定ニ反スルモ其定欵ノ定ニ依ルコトヲ得

第十三條　既設株式會社ノ創業ニ付テノ義務及ヒ出資ニシテ會社ノ承認ヲ經タルモノハ第五條ノ登記ヲ受ケサル前ニ於テモ商法

第百七十一條ノ規定ニ拘ハラス會社ニ於テ之ヲ負擔ス

第十四條　既設株式會社ノ既ニ發行シタル株券ハ商法第百七十六條ニ反スルモノ有ルモ之ヲ改ムルコトヲ要セス

第十五條　既設株式會社ニ於テ株金全額ノ拂込前ニ發行シタル株券ハ其全額拂込ニ至ルマテハ之ヲ假株券ト看做ス

第十六條　既設株式會社ノ株券ニシテ商法實施前ヨリ株式取引所又ハ取引所ニ於テ既ニ賣買シ來リタルモノ及ヒ既ニ債權ノ擔保ニ供シタルモノニ付テハ商法第百八十條ノ規定ヲ適用セス

第十七條　既設株式會社ノ株式ノ讓渡人ニ付テハ商法第百八十二條ノ規定ハ商法實施ノ日ヨリ二个年間之ヲ適用セス

第十八條　既設株式會社ニ於テ既ニ其定款ヲ以テ株主ノ議決權ニ制限ヲ立テタルモノハ商法第二百四條ノ規定ニ反スルモ其定款

ニ從フコトヲ得

第十九條　商法第七十七條第一項ノ規定ハ既設會社ニ之ヲ適用セス

第二十條　商法及ヒ本條例ニ依リ發スル命令書ヲ送達スル場合ニ於テハ其手續ハ民事訴訟法ノ手續ニ從フ

第二十一條　商法第六十七條第二項、第八十一條、第百二十七條、第百三十一條、第二百三十三條、第二百五十條及ヒ第二百六十一條並ニ本條例第二條及ヒ第五條ニ依リ裁判所ニ於テ命令ヲ發スルトキハ當事者ヲシテ說明ヲ爲サシムル爲メ之ヲ裁判所ニ呼出スヲ通例トス但當事者缺席スルモ命令書ハ之ヲ發スルコトヲ得

第二十二條　商法第六十七條第二項、第八十一條、第百二十七條及ヒ第二百六十一條並ニ本條例第二條及ヒ第五條ニ依リ命令ヲ爲

ス場合ニ於テハ裁判所ハ豫メ其旨ヲ檢事ニ通知ス可シ
檢事ハ口頭又ハ書面ヲ以テ意見ヲ陳述スルコトヲ得
第二十三條　檢事ハ前條第一項ノ場合ニ於ケル命令ニ付キ其執行ノ責ニ任ス
第二十四條　商法及ヒ本條例ニ依リ即時抗告ヲ爲スコトヲ得ヘキ場合ニ於テハ其期間ハ裁判書ノ送達ヲ受ケタル日ノ翌日又ハ裁判ノ言渡ヲ受ケタル日ノ翌日ヨリ起算シテ七日トス
第二十五條　前條ニ掲ケタルモノノ外抗告ニ關スル手續ニ付テハ民事訴訟法第四百五十五條、第四百六十條第一項第二項、第四百六十五條及ヒ第四百六十六條第一項第二項第四項ヲ除ク外總テ同法第三編第三章ノ規定ヲ準用ス
第二十六條　外國ニ於テ支拂ヲ爲ス可キ手形ニハ捺印スルコトヲ

要セス

第二十七條　商法第七百九十條ニ掲ケタル裁判所役員ハ執達吏トス

第三十五條　司法大臣ハ各地方裁判所ノ意見ヲ聽キ其所轄地方ノ需用ニ應シテ破産管財人ヲ命シ地方裁判所ハ之ニ依リ破産管財人名簿ヲ作ル可シ

第三十六條　破産管財人タルノ命ヲ受ケタル者ハ正當ノ理由アルニ非サレハ之ヲ辭スルコトヲ得ス

第三十七條　破産管財人ノ任期ハ三个年トス但再任セラルルコトヲ得

第三十八條　名簿中ノ破産管財人破産裁判所ヨリ選定セラレタルトキハ正當ノ理由アルニ非サレハ之ヲ辭スルコトヲ得ス

第三十九條　破産管財人ハ其職務ニ著手スル前公平誠實ニ其職務ヲ執ルコトヲ誓フ可シ

（一五〇）書式

宣　誓　書

何某破産事件ニ付公平且ツ誠實ニ管財人ノ職務ヲ執ルコトヲ誓フ

年　月　日

何　　某

第四十條　破産管財人ハ其擔任スル破産手續中任期滿ツルモ之ヲ終結スルマテ解任スルコトヲ得ス

第四十一條　破産裁判所ハ忌避其他該事件ニ不適當ナルノ理由アリテ名簿中ノ破産管財人ヲ選定ス可カラスト認ムルトキハ他ニ破産管財人ヲ選定スルコトヲ得此場合ニ於テハ直チニ其旨ヲ司法大臣ニ上申ス可シ

前項ノ破産管財人モ名簿中ノ破産管財人ト同一ノ權利及ヒ義務

ヲ有ス

（一五一）（質疑）　商法施行條例第三十六條ニ破產管財人タルノ命ヲ受ケタル者ハ正當ノ理由アルニ非サレハ之ヲ辭スルコト得ス若シ此規定ニ違フ者ハ同第四十四條ノ制裁ヲ受ケサルヘカラス而シテ右ハ同條例第四十一條ニ依リ管財人名簿外ノモノニ臨時破產管財人ヲ命シタル場合ニ於テ其臨時命ヲ受ケタル者謂レナク之ヲ辭スルトキハ尙ホ同一ノ制裁ヲ受クヘキヤ

（決答）　商法施行條例第四十一條ニ依リ管財人名簿以外ノ者ヲ臨時管財人ニ選定セシ場合ト雖モ其管財人ハ法律上尙ホ名簿中ノ管財人ト同一視スルコトハ同條第二項ニ依リ明晰ナリ隨テ管財人ニ選定セラレタル者ハ施行條例第三十八條ニ依リ其選定ヲ辭スルヲ得サルヲ以テ若シ正當ノ理由ナクシテ之ヲ辭スルトキハ即チ同條例第四十四條ノ制裁ヲ受クヘキモノトス

第四十二條　職務執行ノ不當又ハ不正ノ爲メ管財人ノ職ヲ解クトキハ破產裁判所ノ公廷ニ於テ其理由ヲ付シテ之ヲ言渡ス可シ

（一五二）（質疑）　商法行施條例第四十二條管財人解職ノ言渡ノ効力ハ選定セラレタル其事件ノミニ止マルカ將タ管財人タル資格ヲモ喪失スルモノナリヤ

（決答）　管財人解職言渡ノ効力ハ其事件ノミニ止リ其資格ヲ失フモノニアラス

第四十三條　管財人ノ報酬ハ一破産手續ノ全體ニ付キ又ハ收入シタル價額ノ割合ニ應シテ之ヲ定メ財團ノ配當アル每ニ其步割ヲ以テ之ヲ支拂フ可シ

第四十四條　第三十六條及ヒ第三十八條ノ規定ニ違フ者ハ刑法第百七十九條ノ罰金ニ處ス

第四十五條　商法第千三條ニ依リ裁判所ニ於テ債務者ヲ監守セントスルトキハ其命令書ヲ檢事ニ送致シ檢事ハ債務者ノ住所ヲ管轄スル警察官署ニ命シ其處分ヲ爲サシム

第四十六條　（削除）

第四十七條　（削除）

第四十八條　監守ヲ爲ストキハ警察官吏ヲシテ債務者ノ住所ニ就

キ其逃走若クハ財産ノ隱匿ヲ豫防シ且破産主任官ノ許可ヲ得タルトキノ外其債務者ノ外人ト面接若クハ通信スルヲ禁セシム

第四十九條　商法第千三條第三項ニ依リ債務者ヲ引致スルトキハ特ニ作リタル引致狀ヲ以テ之ヲ執行ス但其執行ハ刑事訴訟法ニ定メタル勾引狀執行ノ手續ニ準ス

第五十條　商法第千四條ニ依リ裁判所ニ於テ債務者ヲ釋放スルトキハ決定書ヲ檢事ニ送致シ其執行ヲ爲サシム

第五十一條　商法中非訟事件ニ關スル裁判所管轄ハ裁判所構成法ニ定ムルモノノ外第二百五十四條、第三百七十一條、第四百四十一條、第四百九十九條、第五百十四條、第八百五十六條、第九百二條ノ事件ニ付テハ區裁判所トシ其他ノ事件ニ付テハ地方裁判所トス

第五十二條　明治十七年第九號布告質屋取締條例ニヨリ管轄廳ノ免許ヲ得タル質屋營業人ニハ商法第一編第七章第九節ノ規定ヲ適用セス

第五十三條　明治六年第二百十五號布告代人規則ハ商事ニ付テハ商法實施ノ日ヨリ之ヲ適用セス

明治十年第六十六號布告利息制限法第三條及ヒ第五條ハ商事ニ付テハ商法實施ノ日ヨリ之ヲ適用セス

明治十五年第五十七號布告爲替手形約束手形條例ハ商法實施ノ日ヨリ之ヲ廢止ス

○商法ニ從ヒ破產ノ宣告ヲ受ケタル者ニ關スル件

朕商法ニ從ヒ破產ノ宣告ヲ受ケタル者ニ關スル件ヲ裁可シ玆ニ之ヲ公布セシム此法律ハ明治二十四年一月一日ヨリ施行スヘキコト

ヲ命ス

御名御璽

明治二十三年十月八日

内閣總理大臣　伯爵山縣有朋

司法大臣　伯爵山田顯義

法律第百一號

商法ニ從ヒ破產ノ宣告ヲ受ケタル者有罪破產ニ係ルトキハ左ノ區別ニ從テ處斷ス

一　詐欺破產ヲ爲シタル者ハ輕懲役ニ處ス

二　過怠破產ヲ爲シタル者ハ二月以上四年以下ノ重禁錮ニ處ス

○商法第二百六條ニ依リ發行スヘキ債券ニ關スル件

朕商法第二百六條ニ依リ發行スヘキ債券ニ關スル件ヲ裁可シ玆ニ之ヲ公布セシム

御名御璽

明治二十三年八月八日

内閣總理大臣　伯爵山縣有朋
大藏大臣　伯爵松方正義

法律第六十號

第一條　商法第二百六條ニ依リ株式會社債劵ヲ發行スルハ總株金半額以上ノ拂込アリタル後ニ於テスヘシ

第二條　債劵ノ發行額ハ株金ノ拂込金額ヲ超過スルコトヲ得ス

第三條　債劵ヲ發行セントスルトキハ地方長官ヲ經由シテ主務省ノ認許ヲ受クヘシ

第四條　債劵ハ一通毎ニ其債務金額、利子ノ歩合及仕拂時期、發行ノ年月日、番號、商號、社員取締役ノ氏名、印、債權者ノ氏名ノ外左ノ事項ヲ記載スルコトヲ要ス

一　會社ノ營業所
二　株金總額及株金拂込額
三　債劵償還ノ初期及最終期
四　會社開業年月日
五　存立時期ヲ定メタル會社ハ其時期
六　認許ヲ受ケタル事
第五條　株式會社ハ債劵ヲ發行スルトキハ債劵原簿ヲ備ヘ債劵一通毎ニ區分シテ左ノ事項ヲ記載スヘシ
一　債權者ノ氏名住所
二　債劵ノ金額番號
三　利子ノ步合
四　債劵發行ノ年月日及讓渡ノ年月日

五　債券償還ノ初期及最終期

第六條　債券ノ讓渡ハ取得者ノ氏名ヲ債券及債券原簿ニ記載スルニアラサレハ會社ニ對シテ其効ナシ

第七條　株式會社ハ營業時間中債券原簿ノ展閲ヲ請求スル者アルトキハ之ヲ拒ムコトヲ得ス此場合ニ於テハ請求人ニ對シテ二十錢以内ノ手數料ヲ求ムルコトヲ得

第八條　取締役ハ左ノ場合ニ於テハ五圓以上五十圓以下ノ過料ニ處セラル

一　債券ニ記載スヘキ事項ヲ記載セス又ハ之ニ不正ノ記載ヲ爲シタルトキ

二　債券原簿ヲ備ヘス又ハ之ニ不正ノ記載ヲ爲シタルトキ

農商務省令第十二號

法律第六十號

明治二十三年法律第六十號施行ノ爲メ株式會社債權ニ關スル細則左ノ通相定ム但本令ハ本省ノ主管ニ屬セサル株式會社ニハ之ヲ適用セス

明治二十六年七月七日　農商務大臣　伯爵後藤象次郎

第一條　債權發行ノ認許申請書ニハ左ノ事項ヲ記載シ農商務大臣ニ差出スヘシ

一　會社ノ營業所

二　株金總額及株金拂込額

三　會社開業ノ年月日

四　存立時期ヲ定メタル會社ハ其時期

五　債權ノ發行ヲ要スル事由

六　債權發行ノ總金額

七　券面ノ金額
八　債權者募集ノ初期及最終期
九　債權償還ノ初期及最終期
十　利子ノ歩合及其仕拂時期
十一　元利金仕拂ノ豫算
前項第四號乃至第十號ニ記載ノ事項ヲ變更セントスルトキハ更ニ其認許ヲ請フヘシ
第二條　債權發行ノ認許申請書ニハ債券ニ記載スヘキ左ノ契約要件ヲ具シタル書面ヲ添附スヘシ
一　債權償還ノ年月及其手續
二　利子拂渡ノ手續
三　債券讓渡讓受ニ關シ會社及當事者ノ履行スヘキ手續竝債券

原簿記入停止ノ期日
四　債權ノ損傷又ハ紛失ノ節新劵交付ノ手續及之ニ關スル費用ノ負擔者
前項各號ニ記載ノ事項ヲ變更シタルトキハ速ニ其旨ヲ農商務大臣ニ屆出ツヘシ
第三條　債權者募集期日、募集價格及債權拂込期日ヲ定メタルトキハ豫メ之ヲ農商務大臣ニ屆出ツヘシ
第四條　債權者ノ募集ヲ了リタルトキハ募集締切ノ日ヨリ三十日以內ニ左ノ事項ヲ農商務大臣ニ屆出ツヘシ但二回以上ニ分ケ募集スルトキハ每回屆出ツルコトヲ要ス
一　募集締切ノ年月日
二　募集金額

三　應募金額
四　申込價格ノ最昂、最低及平均
五　募集契約締結ノ最低價格及會社ノ實收スヘキ金額
第五條　會社ハ毎年債劵ニ關スル左ノ事項ヲ取調翌年二月末日迄ニ農商務大臣ニ屆出ツヘシ
一　其年債劵拂込高既往累年拂込總高及未拂込高
二　其年債劵償還高既往累年償還總高及未償還高
三　利子仕拂高
四　債劵讓渡讓受ノ人員及債金高
五　其年末現在債權者ノ員數
第六條　債劵ニ關シ農商務大臣ニ差出スヘキ書類ハ總テ地方長官ヲ經由スヘシ

第七條　本年六月三十日以前ニ債權ヲ發行シタル株式會社ハ第一條及第二條各號ノ事項ヲ詳具シ本年八月三十一日マテニ農商務大臣ニ屆出ツヘシ

○商事非訟事件印紙法

朕商事非訟事件印紙法ヲ裁可シ茲ニ之ヲ公布セシム此法律ハ明治二十四年一月一日ヨリ施行スヘキコトヲ命ス

御名　御璽

明治二十三年八月十五日

内閣總理大臣　伯爵山縣有朋

司法大臣　伯爵山田顯義

大藏大臣　伯爵松方正義

法律第六十六號

商事非訟事件印紙法

第一條　商法中登記ニ關ル場合ヲ除ク外非訟事件ニ付裁判所ノ命令其他ノ處分ヲ求ムル者ハ以下數條ノ手續ニ從ヒ其差出ス書類ニ民事訴訟用印紙ヲ貼用ス可シ但口述ヲ以テスル場合ニ於テハ其調書ニ印紙ヲ貼用ス可シ
第五條第六條第七條ノ場合ニ於テハ管財人ヨリ差出ス計算書ニ印紙ヲ貼用ス可シ
第二條　左ニ掲クルモノニ付テハ五十錢ノ印紙ヲ貼用ス可シ
一　抗告又ハ假差押ノ申立
二　債權者ヨリ爲ス破産宣告ノ申立
三　支拂猶豫ノ申立
第三條　左ニ掲クルモノニ付テハ二十錢ノ印紙ヲ貼用ス可シ
一　抗告ニ對スル答辯

二　裁判所ノ命令其他ノ處分ノ申立ニシテ本法ニ於テ特ニ規定セサル非訟事件ニ係ルモノ

第四條　破產手續ニ付テハ破產財團中ノ貸方金額ニ應シ左ノ區別ニ從ヒ印紙ヲ貼用ス可シ但財團管理費用其他破產手續上ノ費用及ヒ財團ノ爲メニ負擔シタル債務竝ニ別除ノ辨濟ニ供スル金額ハ貸方金額ヨリ之ヲ控除ス可キモノトス

財團ノ價額五圓マテ	四十錢
同　十圓マテ	六十錢
同　二十圓マテ	一圓二十錢
同　五十圓マテ	三圓
同　七十五圓マテ	四圓四十錢
同　百圓マテ	六圓

同　二百五十圓マテ　十三圓
同　五百圓マテ　二十圓
同　七百五十圓マテ　二十六圓
同　千圓マテ　三十圓
同　二千五百圓マテ　四十圓
同　五千圓マテ　五十圓
同　五千圓以上ハ千圓ニ達スル毎ニ四圓ヲ加フ

第五條　破産手續ニ付テハ財團ノ配當アル毎ニ其配當金額ノ割合ヲ以テ印紙價額ニ相當スル金額ヲ引去リ置キ終局計算ニ至リ配當金總高ノ割合ニ從ヒ相當印紙ヲ貼用ス可シ

第六條　協諧契約ニ依リ手續ヲ止メタルトキハ第四條ニ掲ケタル印紙ノ半額ヲ貼用ス可シ

第七條　破產手續再施ノ場合ニ於テハ破產手續開始ニ於ケル場合ト同一ノ印紙ヲ貼用スヘシ

第八條　本法ニ定ムル印紙代價ノ負擔ニ付テハ民事訴訟法第一編第二章第五節ノ規定ヲ準用ス

民事訴訟用印紙法ハ本法ノ規定ニ牴觸セサルモノニ限リ之ヲ準用ス

○商業及船舶ノ登記ニ關スル手數料竝追加

朕商業及ヒ船舶ノ登記ニ關スル件ヲ裁可シ茲ニ之ヲ公布セシム

御名　御璽

明治二十三年七月十六日

司法大臣　伯爵山田顯義

大藏大臣　伯爵松方正義

勅令第百三十三號

第一條　商業ノ登記公告ノ手數料左ノ如シ
第一　商號、後見人、未成年者、婚姻契約及ヒ代務ノ登記公告ハ本店ト支店トニ拘ハラス各金三拾錢
其變更又ハ追加ノ登記公告ニ付テモ亦同シ
第二　會社ノ登記公告ハ本店ト支店トニ拘ハラス合名會社ニ付テハ金六圓合資會社株式會社ニ付テハ各金拾圓
其變更又ハ追加ノ登記公告ハ毎一件ニ付金三拾錢
第三　登記簿ノ閲覽ニ付テハ金拾錢
第四　登記簿ノ謄本ハ用紙壹枚ニ付金拾錢但一行二十字二十行ヲ以テ壹枚トシ十一行以上ハ壹枚十行以下ハ半枚トス
（一五三二）（質疑）　登記簿ノ訂正（假令ハ氏名番地等ノ正誤ヲ求ムルトキ）ハ登記法上手數料ヲ徵收スヘキ明文ナキヲ以テ無手數料ニテ正誤ヲ與ヘ來タレリ然ルニ商業登記ニ在テハ右等

ノ場合ト雖モ一々公告ヲ爲サヾルヲ得サルニモ拘ハラス法ニ明文ナキノ故ヲ以テ手數料ヲ徵收スル能ハストセハ當事者ノ過失ニ原因セル公告料ヲ官ニ於テ支辨スル如キ結果トナリ稍々不穩當ノ感アリ故ニ其費用ハ當事者ヨリ徵收スルモ差支ナキ乎

(決答)　商業登記ニ付キ手數料ヲ徵收シ得ヘキ場合ハ明治廿三年七月勅令第百三十三號ニ列擧セル場合ニ限ルモノニシテ訂正ニ付テハ該勅令中其明文ナキヲ以テ勿論手數料ヲ徵收スルコトヲ得ス然レトモ訂正ニ付テノ手數料ハ最初ノ登記手數料中ニ包含シアルモノト看做スヘキモノナルカ故ニ訂正ノ公告ハ官ノ費用ヲ以テ支辨スルハ至當ナリトス

(一五四)(質疑)　明治廿三年七月十六日勅令第百三十三號第一條第一項第二項ノ登記公告ニ對スル手數料トアルハ登記ノ手數料ト公告料トヲ總稱シタルモノナリヤ若シ果シテ總稱シタルモノニシテ其區別ナキモノトセハ公告料ニハ(其幾分ヲ以テ充ツヘキモノ等ノ)制限ヲ要セサルモノナリヤ

(決答)　登記公告ニ對スル手數料ハ登記ノ手數料ト公告料トヲ包含シタルモノトス但公告料ハ裁判所ノ廳費ヲ以テ支辨スヘキモノニシテ特ニ其制限ヲ定ムルノ必要ナシ

第二條　商法第八百二十五條ノ登記ニ付テハ金三圓ヲ納ムヘシ
商法第八百二十九條ニ定メタル變更ノ附記ニ付テハ金拾五錢ヲ納ムヘシ
第三條　手數料ハ登記印紙ヲ以テ納ムヘシ（二十三年九月十二日勅令第二百七號ヲ以テ本條追加ス）

○商法ノ規定ニ依リ商業及ヒ船舶ノ登記公告ニ關スル取扱規則

司法省令第八號

商法ノ規定ニ依リ商業及ヒ船舶ノ登記公告ニ關スル取扱規則左ノ通之ヲ定ム

明治二十三年十月二十九日　司法大臣　伯爵山田顯義

（書式雛形ハ別ニ頒ツ）

第一條　商法第十八條ノ商業登記ニ付テハ各登記所ニ左ノ簿册ヲ備フ可シ

第一　商號登記簿
第二　後見人登記簿
第三　未成年者登記簿
第四　婚姻契約登記簿
第五　代務登記簿
第六　合名會社登記簿
第七　合資會社登記簿
第八　株式會社登記簿

第二條　商法第八百二十五條第八百五十二條及ヒ第八百五十七條第二項ノ登記ハ商法及ヒ登記法ノ規定ニ依リ船舶登記簿ニ之ヲ爲ス船舶登記簿ノ雛形ハ登記法ニ關スル省令ニ於テ之ヲ定ム

第三條　商業登記簿ハ附錄第二號乃至第九號ノ雛形ニ據リ地方裁

判所ニ於テ之ヲ調製スヘシ
明治二十三年司法省令第七號登記法取扱規則第三條第四條ハ本令ニ之ヲ適用ス
第四條　登記所ニ於テハ會社印鑑帳及ヒ登記見出帳ヲ調製シ印鑑帳ニハ商法第七十一條ニ據リ差出シタル印鑑ヲ貼付シ登記官吏之ニ契印シ見出帳ニハ商號ニ據リ登記ヲ區別シ以テ索引ノ便ニ供ス可シ
第五條　登記ノ屆出ハ陳述書ヲ以テ之ヲ爲シ其陳述書ニハ登記ノ事項ヲ證スル爲メ必要ナル書類ヲ添ヘ左ノ諸件ヲ記載シ當事者之ニ署名捺印ス可シ
第一　登記ヲ受ク可キ事項
第二　當事者ノ住所職業氏名

第三　年月日

第四　登記所ノ名

登記法第八條第二項及ヒ明治二十三年司法省令第七號登記法取扱規則第七條第二項ハ本令ニモ之ヲ準用ス

第六條　登記ノ届出ハ登記官吏ニ於テ陳述書ヲ受理シタル時ヲ以テ之ヲ終リタルモノトス

登記法第八條第一項ノ受取證ヲ下付シタルトキハ陳述書ヲ受理シタルモノトス

第七條　登記官吏ニ於テ登記ノ届出ヲ不適當ト認ムルトキハ當事者ヲシテ改正セシム可シ之ヲ改正シ得ヘカラサル場合又ハ改正セサル場合ニ於テ登記ヲ拒ムトキハ理由ヲ付シタル命令書ヲ發ス可シ

第八條　登記ヲ受クル爲メ差出シタル書類ニシテ登記所ニ留置ク可キモノ殊ニ登記陳述書及商法第九百六十八條ニ掲ケタルモノハ之ニ登記簿ノ冊號及ヒ其丁數ヲ記シ登記簿ノ區別ニ從ヒ各箇ニ綴込ミ之ヲ保存ス可シ

第九條　登記ハ雛形ニ示ス所ノ例ニ據リ相當欄內ニ之ヲ爲シ年月日ヲ記シ登記官吏之ニ署名捺印ス可シ

凡テ豫備欄內ニハ商法第七十九條第百三十八條及ヒ第百六十九條ニ列擧シタル以外ノ事項ヲ登記スルモノトス

會社ノ支店登記ノ豫備欄內ニハ合名會社ニ在テハ本店ノ業體、商號、營業所ヲ登記シ合資會社及ヒ株式會社ニ在テハ右ノ外會社資本ノ總額ヲ登記ス可シ

第十條　公告ハ登記ヲ爲シタル登記所ノ名ヲ以テ之ヲ爲ス可シ

公告ヲ爲ス可キ新聞紙ハ登記所所在地ニ於テ發行スルモノ若シ其地ニ於テ發行スルモノナキトキハ登記所ヲ管轄スル區裁判所所在地ニ於テ發行スルモノタルヘシ若シ其地ニ於テ發行スル新聞紙ナキトキハ所轄地方裁判所管内ニ於テ發行スル新聞紙ヲ以テ公告ヲ爲シ又ハ左ノ場合ニ揭示シテ公告ニ代ユ可シ（二十六年四月司法省令第七號ヲ以テ本項中追加ス）

第一　區裁判所ノ揭示場

第二　其地ニ於ケル人民群聚ノ場所

登記所ハ新聞紙發行人ト一層年ノ間商業登記ノ公告ヲ委託スル約定ヲ爲シ豫メ其旨ヲ公告シ置ク可シ

（一五五）（質疑）　商業登記公告ニ關シ某地方裁判所管内甲乙地ヲ除ク外某々區裁判所及出張所々在地ニ於テ發行スル新聞紙ナキニ付テハ明治二十三年司法省令

第八號第十條第三項ニ依リ各廳每ニ新聞社ト約定ヲ爲スハ本則ナレトモ手數省略ノ爲メ其地方管內區裁判所及出張所分ヲ取纒メ管轄地方裁判所ノ名義ヲ以テ約定締結スルモ差支ナキ乎

（決答）明治二十三年本省令第八號第十條末項ニ登記所ハ云々トアルニ付キ本質疑ノ場合ニ於テ新聞社ト約定準備ノ手續ヲ爲スハ地方裁判所ニ於テ之ヲ爲スモ差支ナカルヘシト雖モ約定締結ノ名義ハ登記所ノ名ヲ以テスルヲ相當トス

第十一條　明治二十三年司法省令第七號登記法取扱規則第三十一條第三十二條ハ本令ニ之ヲ適用ス

登記ノ變更ニ依リ削除ス可キ原登記ハ其側ニ朱線ヲ畫ス可シ

第十二條　商法第八百二十七條ノ船舶登記證書及ヒ同第八百五十四條ノ登記證書ハ附錄第十號及ヒ第十一號ノ雛形ニ依リ之ヲ調製ス可シ

第十三條　登記簿ハ何人ト雖モ之ヲ閱覽スルコトヲ得ルモノトス

其閲覽ハ吏員ノ面前ニ於テ之ヲ爲サシムヘシ
登記濟ノ謄本ヲ請フ者アルトキハ謄本ノ末尾ニ原登記ト相違スルコトナキ旨ヲ認證シ年月日ヲ記シ登記官吏之ニ署名捺印シテ交付ス可シ
遠隔ノ地ヨリ謄本ヲ請フ者アルトキハ謄本手數料ノ外郵送料ヲ前納スルニ於テハ亦之ヲ送付ス可シ
第十四條　商業登記ニ關スル登記所ハ東京市ニ在テハ京橋區區裁判所トス
第十五條　明治二十三年勅令第百三十三號ニ定メタル商業及船舶ノ登記公告手數料ハ登記印紙ヲ陳述書若シ陳述書アラサルトキハ明治二十三年司法省令第七號登記法取扱規則第六條ニ依リ名刺ニ貼付スヘシ

○農商務省令第十一號

第一條　法律命令ニ依リ官廳ノ許可ヲ受クヘキ營業ヲ爲サントスル株式會社發起認可ノ申請書ニハ商法第百五十九條ニ依リ提出スヘキ書類ノ外其營業ノ許可ヲ得タル書類ノ謄本ヲ添ヘ之ヲ農商務大臣ニ差出スヘシ

第二條　株式會社ハ左ニ掲クル事項ヲ其都度地方長官ヲ經由シテ農商務大臣ニ報告スヘシ

一　登記ヲ受ケタルトキハ其事項及年月日

二　定款ヲ變更シタルトキハ其事項及年月日

三　總會ニ於テ認定シタル毎事業年度ノ計算書、財産目錄、貸借對照表、事業報告書、利息又ハ配當金分配ノ率

四　會社又ハ役員訴訟ノ當事者トナリタルトキハ其訴件ノ要旨

及年月日

五　前號訴件結了シタルトキハ其結果及年月日

第三條　地方長官ハ株式會社ノ行爲法律命令ニ違反シ又ハ會社ノ安固ヲ缺キ若ハ公益ヲ害スルノ虞アリト認ムルトキハ其事狀ヲ具シ速ニ之ヲ農商務大臣ニ報告スヘシ

第四條　商法第二百二十七條ニ依リ檢査ヲ爲ストキハ其檢査官吏ヲシテ檢査官タルノ證票ヲ携帶セシムルモノトス

第五條　前各條ハ銀行又ハ鐵道事業ノ株式會社ニハ之ヲ適用セス但馬車鐵道ハ此限ニアラス

明治二十六年五月三十一日　農商務大臣　伯爵後藤象二郎

○司法省令第八號

○商法第二百二十六條ニ依リ調書ノ謄本ヲ求ムル者手數料ニ關ス

ル件

明治二十六年四月二十五日

商法第二百二十六條第二項ニ依リ調書ノ謄本ヲ求ムル者ハ其用紙一枚ニ付金拾錢ノ割合ヲ以テ登記印紙ヲ用ヒ其手數料ヲ納ム可シ但一行三十字詰二十行以下十一行以上ハ一枚トシ十行以下ハ半枚トス

現行商法實用正誤

		誤	正
十二丁	十一行	援用シタトルキ	援用シタトルキ
二十五丁	第八十條	掲ケル	掲ケタル
三十一丁	六行	捕充	補充
四十八丁	十一行	記八	記入
七十五丁	四行	創業ニ總會	創業總會ニ
百八十五丁	三行割註	第四十五條第二條	第四十五條第二項
百九十一丁	十四行	自已計算	自己ノ計算
二百三丁	六行	タ定ムル	ニ定ムル
二百四丁	二行	謄本住所	住所
二百廿九丁	七行	扶助ヲ與フル	扶助料ヲ與フル
二百三十丁	四行	及管財人	及破產管財人
二百四十五丁	一行	屋舍	廳舍
二百七十丁	三行	モノノ及	モノ及
二百九十丁	十四行	商法行施	商法施行

明治廿八年三月十七日印刷
明治廿八年三月廿二日發行

著作者　栃木縣河内郡宇都宮池上町一番地　平川橋太郎
發行者　東京市京橋區銀座三丁目十八番地　竹内拙
印刷者　東京市日本橋區上槇町十六番地　平島曠
發行所　東京市京橋區銀座三丁目十八番地　報行社

現行商法實用　　日本立法資料全集　別巻 1171

平成29年10月20日　復刻版第１刷発行

編纂者　平　川　橘　太　郎

発行者　今　井　　　貴
　　　　渡　辺　左　近

発行所　信　山　社　出　版

〒113-0033　東京都文京区本郷６－２－９－102
モンテベルデ第２東大正門前
電　話　03（3818）1019
ＦＡＸ　03（3818）0344
郵便振替　00140-2-367777（信山社販売）

Printed in Japan.

制作／(株)信山社，印刷・製本／松澤印刷・日進堂

ISBN 978-4-7972-7284-0 C3332

別巻　巻数順一覧【950～981巻】

巻数	書名	編・著者	ISBN	本体価格
950	実地応用町村制質疑録	野田藤吉郎、國吉拓郎	ISBN978-4-7972-6656-6	22,000 円
951	市町村議員必携	川瀬周次、田中迪三	ISBN978-4-7972-6657-3	40,000 円
952	増補 町村制執務備考 全	増澤鐵、飯島篤雄	ISBN978-4-7972-6658-0	46,000 円
953	郡区町村編制法 府県会規則 地方税規則 三法綱論	小笠原美治	ISBN978-4-7972-6659-7	28,000 円
954	郡区町村編制 府県会規則 地方税規則 新法例纂 追加地方諸要則	柳澤武運三	ISBN978-4-7972-6660-3	21,000 円
955	地方革新講話	西内天行	ISBN978-4-7972-6921-5	40,000 円
956	市町村名辞典	杉野耕三郎	ISBN978-4-7972-6922-2	38,000 円
957	市町村吏員提要〔第三版〕	田邊好一	ISBN978-4-7972-6923-9	60,000 円
958	帝国市町村便覧	大西林五郎	ISBN978-4-7972-6924-6	57,000 円
959	最近検定 市町村名鑑 附 官国幣社 及 諸学校所在地一覧	藤澤衛彦、伊東順彦、増田穆、関惣右衛門	ISBN978-4-7972-6925-3	64,000 円
960	鼇頭対照 市町村制解釈 附 理由書 及 参考諸布達	伊藤寿	ISBN978-4-7972-6926-0	40,000 円
961	市町村制釈義 完　附 市町村制理由	水越成章	ISBN978-4-7972-6927-7	36,000 円
962	府県郡市町村 模範治績　附 耕地整理法 産業組合法 附属法令	荻野千之助	ISBN978-4-7972-6928-4	74,000 円
963	市町村大字読方名彙〔大正十四年度版〕	小川琢治	ISBN978-4-7972-6929-1	60,000 円
964	町村会議員選挙要覧	津田東璋	ISBN978-4-7972-6930-7	34,000 円
965	市制町村制 及 府県制　附 普通選挙法	法律研究会	ISBN978-4-7972-6931-4	30,000 円
966	市制町村制註釈 完　附 市制町村制理由〔明治21年初版〕	角田真平、山田正賢	ISBN978-4-7972-6932-1	46,000 円
967	市町村制詳解 全　附 市町村制理由	元田肇、加藤政之助、日鼻豊作	ISBN978-4-7972-6933-8	47,000 円
968	区町村会議要覧 全	阪田辨之助	ISBN978-4-7972-6934-5	28,000 円
969	実用 町村制市制事務提要	河邨貞山、島村文耕	ISBN978-4-7972-6935-2	46,000 円
970	新旧対照 市制町村制正文〔第三版〕	自治館編輯局	ISBN978-4-7972-6936-9	28,000 円
971	細密調査 市町村便覧(三府四十三県 北海道 樺太 台湾 朝鮮 関東州)　附 分類官公衙公私学校銀行所在地一覧表	白山榮一郎、森田公美	ISBN978-4-7972-6937-6	88,000 円
972	正文 市制町村制 並 附属法規	法曹閣	ISBN978-4-7972-6938-3	21,000 円
973	台湾朝鮮関東州 全国市町村便覧 各学校所在地〔第一分冊〕	長谷川好太郎	ISBN978-4-7972-6939-0	58,000 円
974	台湾朝鮮関東州 全国市町村便覧 各学校所在地〔第二分冊〕	長谷川好太郎	ISBN978-4-7972-6940-6	58,000 円
975	合巻 佛蘭西邑法・和蘭邑法・皇国郡区町村編成法	箕作麟祥、大井憲太郎、神田孝平	ISBN978-4-7972-6941-3	28,000 円
976	自治之模範	江木翼	ISBN978-4-7972-6942-0	60,000 円
977	地方制度実例総覧〔明治36年初版〕	金田謙	ISBN978-4-7972-6943-7	48,000 円
978	市町村民 自治読本	武藤榮治郎	ISBN978-4-7972-6944-4	22,000 円
979	町村制詳解　附 市制及町村制理由	相澤富蔵	ISBN978-4-7972-6945-1	28,000 円
980	改正 市町村制 並 附属法規	楠綾雄	ISBN978-4-7972-6946-8	28,000 円
981	改正 市制 及 町村制〔訂正10版〕	山野金蔵	ISBN978-4-7972-6947-5	28,000 円